작은 학교가 아름답다

보리 편집부 엮음

보리

이 책을 엮으며

거울이 되었으면 합니다

요즈음 세상이 참 빠르게 변하고 있습니다. 그리고 아이들이 달라졌다고 합니다. 교육이 변해야 한다. 또 변하고 있다고도 합니다. 이 변화의 소용돌이 속에서 아이들을 키우는 우리 부모들과 선생님들은 아이들 못지 않게 혼란을 느끼고 있습니다. 이런 때에 사람이 잘 산다는 것이 무엇인지, 교육이란 것이 정말 무엇인지를 다시 한 번 생각해보는 계기를 마련하고자 이 책을 엮어 보았습니다. 우리 아이들과 교육을 걱정하는 모든 분들이 한 번쯤 꼭 읽어보았으면 하는 글들을 모았습니다.

근대화가 곧 '거대화'로 통하던 시절이 있었습니다. '대' 한민국의 국민들답게 기업도 '대' 기업이 좋고 도시도 '대' 도시가 좋은 것이라 생각했습니다. 학교도 한 학년에 열몇 학급이 있어서 선생님과 아이들이 서로 알아볼 수도 없을 만큼 수천 명이 와글거리는 그런 학교에 다니는 것을 은근히 자랑스럽게 여기기도 했습니다. 아직도 그 길을 달려가는 이들이 많은 것도 사실입니다. 하지만 그 길이 어디로 가는 길인지를 내다보는 이들은 이미 발길을 돌려 새로운 세상으로 나아가고 있습니다.

거대주의와 물질주의라는 서구 근대화의 물결에 휩쓸려 '성장제일'을 외치며 기를 쓰고 달려온 우리에게 '작은 것이 아름답다'는 속삭임이 들리기 시작한 것은 얼마 되지 않습니다. 하지만 그 속삭임은 벌써 이 땅 구석구석에 퍼져가고 있습니다. 사람이 정말 사람답게 살 수 있는 세상을 꿈꾸는 이들은 한결같이 작은 것의 아름다움을 깨닫고 그 아름다움을 살리고자 애를 쓰고 있습니다. 이 책은 그런 사람들의 속삭임과 땀을 담고 있습니다.

이 책은 책이 아니라 '거울'이 되었으면 합니다. 우리가 거울을 보려고 거울을 보는 것이 아니듯이 이 책으로 우리들 모습을 가만히 한 번 들여다볼 수 있었으면 합니다. 거울을 제대로 보기란 쉽지 않지요. 자기가 보고 싶은 자기 얼굴이 아니라 있는 그대로의 자기 모습을 똑바로 쳐다보기란 참 어려운 일입니다. 하지만 그 모습을 제대로 볼 수만 있다면 우리는 더 이상 혼란 속에 있지 않을 것입니다.

이 책 1부에서는 사람이 정말 잘 산다는 것이 무엇인가, 올바른 교육이란 것은 또 무엇인가 하는 근본 물음을 갖고서 부모나 교사들이 어떤 자세로 아이들을 만나야 하는지를 말하고 있습니다. 땅에 뿌리내린 교육, 삶과 하나되는 교육, 자기를 찾아가는 교육의 중요함을 이야기합니다. 2부에서는 우리가 지금까지 교육이라는 이름으로 해온 일들이 어떤 것인지 되돌아보면서, 새로운 학교를 만들려는 사람들이 제시하는 대안교육의 흐름도 간단히 소개하고 있습니다. 3부에는 이른바 개발과 경제성장이라는 근대화의 흐름이 교육에 미친 영향을 살펴보면서 우리가 나아가야 할 방향을 생각해보게 하는 글들이 실려 있습니다.

이 책은 《녹색평론》의 도움으로 나올 수 있었습니다. '생명의 문화를 위하여' 라는 정신 아래 지난 91년에 창간하여 달을 걸러 펴내는 《녹색평론》은 죽어 가는 이 땅의 환경과 교육을 살리는 길을 찾는 이들에게 등대 노릇을 해 왔습니다. '사람이 이 세상에 산다는 것이 무엇인가?' 하는 근본 물음을 놓치지 않으면서 나라 안팎에서 어둠을 밝히는 등불 같은 글들을 찾아 소개해온 김종철 선생님께 이 자리를 빌어 고마운 마음을 전합니다.

1997년 2월
보리 편집부

차례

이 책을 엮으며
거울이 되었으면 합니다

1부 참다운 교사는 가르치지 않는다
11   작은 학교가 아름답다 ·························· 사티쉬 쿠마르
25   참다운 교사는 가르치지 않는다 ·················· 비노바 바브
44   부모와 교사가 먼저 깨어야 한다 ············ 지두 크리슈나무르티

2부 우리는 무엇을 배웠는가
57   교사들의 일곱가지 죄 ························ 존 테일러 개토
74   교육인가 장사인가 ································ 최성수
88   우리는 무엇을 배웠는가 ····························· 현병호
104 아이들은 '텅 빈 머리'가 아니다 ················· 패트 몽고메리
117 우리가 꿈꾸는 학교 ································ 김희동
130 불복종 정신이 살아 있는 학교 ······················ 양희규

3부 아이들은 스스로 배운다
141 라다크 아이들의 어제와 오늘 ············· 헬레나 노르베리-호지
147 녹색교육 ······································ 데이비드 오어
160 아이들은 스스로 배운다 ···························· 이반 일리치
175 고향을 등지게 만드는 교육 ·························· 웬델 베리
182 경제가 성장할수록 불행해지는 아이들 ········· 리차드 다우스웨이트
192 일하기와 교육 ······································ 이오덕
202 아이들을 건강한 파괴자로 길러야 한다 ················ 윤구병

1

참다운 교사는 가르치지 않는다

작은 학교가 아름답다
참다운 교사는 가르치지 않는다
부모와 교사가 먼저 깨어야 한다

작은 학교가 아름답다

사티쉬 쿠마르

어머니는 가장 좋은 스승이다

보통 사람들이 보기에 나는 가장 교육을 받지 못한 사람입니다. 학교에 다니지도 않았고 대학에 다니지도 않았고 학위도 없습니다. 그러니까 흔히 하는 말로 나는 교육받지 않은 사람입니다.

나의 스승도 역시 교육받지 않은 사람입니다. 하지만 여기서 나는 가장 훌륭한 스승인 우리 어머니에게 가장 깊은 존경심을 보냅니다.

사티쉬 쿠마르(Satish Kumar) — 인도 출신의 생태운동가이자 교육자. 아홉 살에 자이나교의 승려가 되었다가 열여덟에 새로운 내면의 소리에 따라 새인도와 평화로운 세계에 대한 간디의 구상을 실현시키는 토지개혁 운동에 헌신했다. 그 뒤 반핵운동에 앞장선 버트란드 러셀의 모범에 자극받아 무일푼으로 걸어서 러시아와 유럽을 거쳐 아메리카까지 평화를 위한 순례를 했다. 1973년에 영국에서 프리츠 슈마허를 만나 생태학 잡지 《Resurgence 소생》 편집을 맡으면서 여러 정신, 교육 사업을 이끌어왔다. 이 글은 1993년 4월 3일에 영국의 '과학 의료 네트워크'가 조직한 '신비가들과 과학자들'이라는 주제의 모임에 초청받아 이야기한 것을 발췌하여 《녹색평론》 13호에 실었던 글이다.

나는 이 세상의 모든 어머니들에게 그리고 특히 이 방에 있는 모든 어머니들에게 어머니인 당신들보다 더 좋은 스승은 있을 수 없다고 말씀드리고 싶습니다. 그리고 어떤 대학도, 학교도, 책도, 다른 무엇도 어머니가 되는 방법을 가르쳐줄 수는 없습니다.

우리 어머니는 나의 스승이며 현명한 여인이었습니다. 나는 순례와 여행을 하면서 러셀 박사, 마틴 루터 킹, 나의 또 다른 스승 비노바 바브 같은 현명한 분들을 많이 만났고 또 많은 것을 배우고 많은 은혜를 입은 슈마허 같은 분들도 만났습니다. 그러나 우리 어머니에게 배운 것과 어머니가 갖고 계신 지혜는 독특하고 뛰어난 것이었고, 나는 누구도 어머니보다 윗자리에 둘 수는 없습니다. 어머니의 가르침에서는 어머니가 나에게 무엇을 가르친다고 느낀 일이 없기 때문입니다. 어머니는 자기 생각이나 관념, 견해를 나에게 준 일이 없습니다. 오직 사랑을 주었을 뿐입니다.

나중에 칼릴 지브란의 시를 읽었습니다. 그것을 읽으면서, 칼릴 지브란이 시에서 쓰고 있는 것을 우리 어머니는 실제로 하고 있었음을 깨달았습니다. 여러분 가운데 많은 사람이 《예언자》를 읽으셨으리라 생각하는데 그 속에 아이들에 대한 아름다운 시가 있습니다. '그대의 아이들은 그대의 아이들이 아니다. 아이들은 자신을 갈망하는 생명이다' 라는 구절을 기억하십니까? 그것이 우리가 잊고 있는 것입니다. 그리고 칼릴 지브란은 아이들에게 사랑은 주어도 되지만 생각을 주어서는 안된다고 말합니다. 아이들은 자기 생각을 가지고 있습니다.

우리 학교들, 우리 대학과 정부, 교육기관들은 밤낮으로 우리 아이들의 머릿속에 케케묵고 쓸모없는, 해악을 끼치는, 위험한 생각들을 쏟아 넣느라고 바쁘게 바쁘게 돌아가면서 사랑은 한 조각도 주지 않습니다! 우리는 우리 아이들에게 무슨 짓을 하고 있는 것입니까? 우리는 아이들이 텅 빈 물통이어서 온갖 쓰레기와 먼지를 그 속에 쏟아 넣을 수 있다고 생각합니다. 좋은 의도를 가지고서라도 말입니다. 때때로 지옥으로 가는 길도 좋은 의도로 포장되어 있는 것입니다.

우리 어머니의 관점에서는 아이가 텅 빈 물통이 아닙니다. 아이는 하나의 씨앗, 한 개의 도토리입니다. 우리는 "아니 어린애잖아, 가만 있으라고 해. 아이들은 몰라. 경험이 없거든. 나는 나이를 먹었으니 내가 더 많이 알아."하고 말합니다. 그러나 어머니는 나에게 말했습니다. "애야, 너는 모든 걸 알고 있다. 네 속에, 너의 영혼 속에 모든 것이 다 들어 있어. 도토리처럼!" 삼림전문가나 정원사나 어느 누구도 도토리에게 참나무가 되는 방법을 말해줄 수 없습니다. 그 작은 씨앗, 도토리 속에 참나무가 되는 방법에 대한 모든 정보가 씌어 있습니다. 글로 씌어진 것은 아니지만 그 속에 들어 있습니다.

때때로 사람들은 오만하게 이렇게 생각합니다. '우리는 마이크로 칩이나 컴퓨터 디스켓, 컴팩트 디스크 같은 멋진 것들을 만들어냈다. 그 속에 얼마나 많은 정보를 담을 수 있는가. 이 디스크 하나에 몇 메가바이트를 저장할 수 있는가!' 사람들은 조금 겸손해져서 도토리를 바라보아야 합니다. 거대한 참나무로 자라 수백 년을 살면서 수백만 개의 도토리와 나뭇잎과 가지들을 만들어낼 저 조그만 도토리 속에는 몇 메가바이트의, 얼마나 많은 정보가 들어 있는 것인가? 그러므로 우리는 아이와 도토리를 모두 존경할 줄 알아야 합니다. 그래서 우리 어머니와 모든 어머니 여러분에게 존경심을 보냅니다.

걷기를 배우며

어머니가 나에게 주로 말한 것은 걸으라는 것이었습니다. 여러분은 '걷는 것이 뭐 특별한 것인가?' 하고 생각할지 모릅니다. 여러분, 현대 사회에서 우리는 마치 다리가 없는 것처럼 살고 있습니다! 우리는 그것을 깨닫지 못하고 있습니다! 우리는 어떻게 걷는지를 잊어버렸습니다. 맨발로, 땅에 발을 대고 땅과 흙을 밟는 것을 명상하면서 걷는 방법 말입니다. 발밑에 흙을 두지 않고서는 영혼이 자라날 수 없습니다. 'soul'(영혼)과 'soil'(흙)은 같은 뿌리, 같은 말, 같은 소리에서 온 것입니다. 그러니 할 수 있으면 맨발로 땅을, 흙을 밟으십시오. 직접 접촉하십시오. 맨발로 흙 위를 걸으면 반사신경 전문가가 마사지를 해줄 필요가 없을 것입니다. 땅이 마사지를 해주고 식물이 해줄 것입니다. 모든 식물은 약효를 갖고 있고 그 속을 걸음으로써 주사를 맞거나 알약들을 먹지 않고 필요한 온갖 약을 얻게 될 것입니다. 바로 여러분의 발밑에 어머니인 대지가 모든 약을 제공하고 있습니다.

우리 어머니가 말한 것처럼 자연은 가장 위대한 스승입니다. 자연은 붓다보다도 예수 그리스도보다도 모하메드보다도 간디보다도 그 누구보다도 위대한 스승입니다. 그들도 자연의 제자이기 때문입니다. 붓다는 보리수나무 아래서 깨달음을 얻었습니다. 오늘날은 왜 깨달은 사람이 그렇게 많지 않은 것입니까? 그것은 우리가 나무 밑에 가서 앉는 일이 없기 때문입니다! 우리는 우리 영혼을 새롭게 채울 시간이 없습니다. 나무 밑에 가서 앉아 명상을 하고 새들이 날아와 가지에 앉는 것을 바라볼 때 영혼이 새롭게 채워집니다. 그리고 깨달음을 얻을 기회를 갖게 됩니다. 그러니 자연은 위대한 스승입니다. 그런데 우리는 그 가르침을 잊어버렸습니다.

꿀벌을 보아라

어머니는 "꿀벌을 보아라"고 말하곤 했습니다. 꿀벌은 얼마나 좋은 스승입니까? 꿀벌은 꽃에서 꽃으로, 한 꽃에서 꿀을 조금씩 따면서 날아다닙니다. 어떤 꽃도 "꿀벌이 와서 내 꿀을 가져가 버렸어."하고 불평하는 일이 없습니다. 꿀벌은 꽃에 해를 끼치는 일이 없고 꽃과 꿀벌 사이에는 완전히 폭력이 없는 관계, 해를 끼치지 않는 관계가 이루어져 있습니다. 우리는 그것을 배울 수 있을까요? 인간사회가 땅에서 무엇을 캐내거나 얻어내려고 할 때 우리는 계속해서 빼앗고 빼앗고 해서 마침내 바닥나고 고갈되어 그 자원이 끝장날 때까지 갑니다. 우리는 꿀벌에게서 조금만 얻어오는 것을 배워야 합니다. 우리에게 필요한 것만. 그 이상은 아니고요.

자연에서 무엇인가를 얻고나서 꿀벌은 무엇을 합니까? 그것을 달콤하고 맛있고 영양분이 많은 꿀로 바꿉니다. 얼마나 많은 사람들이 그런 일을 할 수 있습니까? 우리는 꿀벌에게서 배울 수 있어야 합니다. 산업화되고 현대적인, 기술주의적인, 합리적인, 선진적인, 진보적인, 발달된―이것은 모두 한 흐름을 나타내는 말들입니다―우리 사회는 쓰레기를 만들어내는 사회입니다. 우리는 꿀을 만들어내지 않습니다. 어디든 큰 도시 바깥으로 나가 보십시오. 뉴욕, 시카고, 런던, 델리, 봄베이, 어디든 말입니다. 그러면 우리가 만들어내고 던져버린 산더미 같은 쓰레기를 보게 될 것입니다. 쓰레기와 오염의 산더미들! 공기가 오염되고 물이 오염되었고 흙이 오염되었습니다. 우리는 무슨 짓을 하고 있는 것입니까?

자연은 우리의 스승입니다. 꿀벌은 우리의 스승입니다. 우리는 조금만 얻고 그것을 변화시키는 것을 배워야 합니다. 우리가 무엇을 얻든지 변화시키는 일이 반드시 필요합니다. 그것을 꿀처럼 신성하고 맛있고 달콤한 것으로 변화시키세요. 우리 어머니는 그렇게 하는 방법을 알고 있습니다. 어머니는 자기 지혜를 말하지만은 않습니다. 몸으로 지혜를 보여줍니다. 그렇게 하는 방법을 얘기하겠습니다. 어머니는 매우 솜씨가 좋습니다. 어머니는 손을 쓰지요. 아름답고 다채로운 실과 거울조각들, 조그만 바늘을 가지고 바느질을 해서 멋진 숄이나 치마나 블라우스를 만듭니다. 그런데 우리 누이는 "어머니, 숄 하나 만드는 데 너무 오래 걸려요. 여섯 달이나요. 제가 어머니께 선물을 할게요. 수놓는 기계를 사드리겠어요."하고 말합니다. 그러면 어머니는 "왜? 왜 수놓는 기계를 사준다는 거냐?" "시간을 절약해줄 테니까요!" "시간을 절약해? 시간이 부족하니? 신이 시간을 만들 때 넉넉히 만들었단다. 어리석은 아이야, 무한한 것을 절약하려고 하는구나! 그리고 너는 한도가 있는 것을 소비하려고 하고 있어. 전기니, 금속이니, 기계를 만드는 데 쓰는 모든 재료들, 그런 것은 한도가 있는 자원이지. 너는 무한한 시간을 절약하기 위해 한도가 있는 자원을 쓰라고 말하고 있는 거야. 그만둬, 나는 바늘을 쓰는 게 좋아!"

바늘은 사람이 손수 만든 가장 작은 연장입니다. 땅에서 조그만 금속 한 조각을 얻으십시오. 꿀처럼, 이 작은 바늘을 말입니다. 그리고 조용히 명상하며 앉아서 당신의 사랑을 그 속에 넣으십시오. 그것이 예술입니다. 당신이 무엇인가를 만들고 있는 동안 당신의 손 속에 사랑을 담을 때 당신은 무엇인가를 숄처럼 아름다운 물건으로 변화시킵니다.

그런데, 어머니나 나보다 교육을 더 많이 받은 누이는 이렇게 말합니다. "어머니 이 숄은 무척 아름다워요. 그렇지만 저는 이걸 쓸 수가 없어요. 더럽히고 싶지 않아요. 벽에 걸어놓고 싶어요." 그러면 어머니는 말합니다. "아니다, 아니야! 그러지 마라. 네가 그걸 썼으면 좋겠다. 아름다운 것들을 벽에다 걸어두기 시작하면 보기 싫은 것들을 몸에 지니게 된단다. 왜 보기 싫은 것을 몸에 지니고, 벽에 걸려고 아름다운 것들을 만든단 말이냐?" 이 말에는 아주 단순하고 평범하지만 깊고 심오한 지혜가 들어 있습니다. 우리의 예술작품은 너무나 벽 위주로, 너무나 작품 위주로 되어 버렸습니다. 예술은 화랑에 있어야 되고 무대에 있어야 되고 미술관에 있어야 되는 걸로 말입니다.

그리고 건물을 지을 때 우리는 어떻게 합니까? 이 방을 나가서 저기 서 있는 건물을 보십시오. '예술 센터'라는 곳입니다. 저 건물이 예술 센터처럼 보입니까? 예술은 어디 있습니까? 그러니까, 무엇을 만들든지, 구두든 옷이든 음식을 담는 접시든 의자든 다른 무엇이든지 아름다워야 합니다. 사람의 솜씨와 사람의 도전이 개입되는 곳은 바로 그곳입니다. 우리는 변화의 도구가 될 수 있기 때문입니다. 흙이나 벽돌이나 나무나 금속이나 무엇이든지 가지고 아주 아름다운 물건을 만들어서 사람들이 기뻐하게 합니다. 그것은 사람들에게 기쁨을 줍니다. 그것은 변화의 예술이며 바로 교육의 핵심입니다. 변화를 일으키는 것이 될 수 없다면 교육이 아닙니다.

작은 학교 — 촛불 밝히기

어둠을 저주하고 있어서는 아무 소용이 없습니다. 촛불을 켜는 것이 더 낫습니다. 우리는 정부와 교육기관과 영혼을 갖고 있지 않은 거대한 학교들을 계속 비판할 수 있습니다. 그런들 무슨 소용이 있습니까? 아무 일도 일어나지 않습니다. 그런 비판에서는 나오는 것이 없습니다. 우리 아이들의 교육문제에 부닥쳤을 때 나는 아이들이 아침마다 하트랜드 마을에서 가장 가까운 도시인 바이드포드까지 버스를 타고 가야 된다는 사실을 깨달았습니다. 열한 살짜리 아이가 아침에 한 시간 저녁에 한 시간, 날마다 두 시간씩 차를 타고 다녀야 하는 것입니다. 열한 살부터 통근자의 삶을 시작하는 거지요. 어쩌면 우리 사회가 아이들에게 가르치고자 하는 것은 바로 그것입니다. '지금 통학을 시작하는 게 낫지. 남은 평생동안 통근을 하며 지내야 할 테니까.' 하고 말입니다. 나는 우리 두 아이가 그렇게 살아야 할 것이 마음에 들지 않았습니다.

그리고 학교에 가보면 천오백 명, 이천 명에 가까운 아이들이 있습니다. 아이들은 그저 숫자가 되어버립니다. 아이를 알지 못한다면, 아이를 이해하지 못하고, 아이와 관계를 갖지 못한다면, 어떻게 그 아이를 가르칠 수 있습니까? 사람들은 칠판 옆에 서서 "나는 수학선생이다. 나는 영어선생이다. 나는 불어선생이다. 나는 과학선생이다." 하고 말합니다. 나는 이렇게 말합니다. "당신이 수학이나 과학이나 영어의 선생이기를 바라지 않습니다. 아이들의 선생이기를 바랍니다. 당신은 '아이들의' 선생입니다!" 수학이나 과학이나 물리 따위는 그 다음 문제입니다. 학생과 선생 사이에 신뢰 관계를 만들기 위한 구실일 뿐입니다. 그런데 어떻게 마흔 명이나 되는 아이들을 한 교실에서, 서른 명, 스물다섯 명 되는 아이들을 한 교실에서 가르칠 수 있으며, 이천 명, 천오백 명 되는 아이들을 한 학교에서 가르칠 수 있습니까? 모든 학교는 생활하고 학습하는 공동체여야 합니다. 그러나 우리는 학교를 학습하는 공동체가 아니라 공장의 복제품, 지식 공장으로 바꾸어놓았습니다. 학교는 가정의 연장이어야 합니다. 따뜻하고 신뢰할 수 있고 친근하고 두려움이 없는 가정 말입니다.

그렇지만 우리가 무엇을 할 수 있습니까? 나는 정부에 영향력이 없습니다. 대중매체에도 영향력이 없습니다. 교장이나 높은 교육관리들에게도 영향력이 없습니다. 그러나 우리가 할 수 있는 한 가지 일은 촛불을 켜는 것입니다. 그래서 나는 '학교를 만들자. 작은 것이 아름답다는 슈마허의 원칙에 근거한 조그만 학교를 하트랜드에 세우자.'고 생각했습니다. 우리는 이 학교를 하트랜드의 작은 학교라고 불렀고 아이들 서른 명이 모였습니다. 그 학교는 독립된 학교지만 공립학교는 아닙니다. 돈을 내는 학교도 아니고 부유한 부모를 위한 학교도 아닙니다. 배경이나 능력이 어떻든 하트랜드에 사는 어린이로서 오고 싶어하는 아이들 모두를 위한 학교입니다. 전혀 돈을 받지 않고 아이들을 가려뽑지도 않는 보통 지역학교입니다.

그리고 우리는 학교를 가정의 연장으로 만들고자 했습니다. 그래서 '가정의 중심은 무엇인가? 가정의 심장은 무엇인가?' 생각했습니다. 내 경험으로 그것은 두 가지입니다. 하나는 부엌입니다. 또 하나는 난로입니다. 우리는 모두 따뜻한 불가에 모입니다. 불이, 타고 있는 살아 있는 불이 옛날부터 모든 가정의 중심입니다. 불행히도 오늘날 우리는 중앙난방시설을 갖고 있지만요! 그래서 우리는 학교에 불을 피웁니다. 아이들이 둘레에 모여서 몸을 따뜻이 할 수 있도록. 그리고 부엌도 두어서 건강에 좋은 빵을 아이들이 날마다 구워냅니다. 여러 가지 음식 만들기가 교과과정의 하나로서, 교육의 한 부분이 됩니다. 오늘날 여러분에게 그런 것처럼 음식 만들기가 귀찮은 집안일이나 짐스러운 일이 되지는 않을 것입니다. 음식 만들기는 가장 기본이 되는 학과목입니다.

땅에 뿌리를 내린 교육

무엇이 사람에게 필요합니까? 음식과 옷, 집, 이 세 가지가 우리 삶에 기본입니다. 그런데 얼마나 많은 학교가 우리에게, 우리 아이들에게 어떻게 식물을 키우는지, 음식을 어떻게 요리하는지, 음식의 영양가치가 무엇인지 가르쳐줍니까? 없습니다. 있어도 아주 적습니다. 그것도 구석진 곳 어디에 — 가정학인가 뭔가 하는 곳에 — 조그맣고 특별한 것으로 끼여 있습니다. 그러나 기본적인 배움으로서 우리는 음식에 대해 아는 바가 없습니다. 음식이 없으면 우리는 살아갈 수가 없습니다! 음식은 우리 건강에 기본이 되는 것인데, 그런데도 우리 아이들은 음식에 대해 아무것도 모릅니다. 우리는 이렇게 말했습니다. "작은 학교에서는 채소밭과 부엌을 두고 음식을 학습도구, 교육의 기본 도구로 삼을 것이다." 당신이 심성을 교육하고자 한다면, 아이들이 행복하지 못하고 아이들에게 고약한, 포장되고 깡통에 든 신선하지 못한 음식이 주어질 때 어떻게 교육을 하겠습니까? 낡은 지식, 책에서 나온 신선하지 못한 정보처럼 깡통에 담긴 신선하지 못한 음식이라니요! 학교는 모두 제대로 된 음식을 우리 교육 속에 되가져와야 합니다.

내가 말하고 있는 것은 아주 간단합니다. 나는 수많은 이론과 가설을 가진 대단한 전문가가 아닙니다. 나는 단순한 상식을 말하고 있는데 그것이 이제는 상식이 되지 못하고 있습니다.

다음은 뭐지요? 옷입니다. 작은 학교에서 우리 아이들은 옷을 디자인하는 법, 천을 짜는 방법, 털실을 잣는 방법을 배웁니다.

그리고 집입니다. 우리는 나무일을 할 수 있는 작업장이 필요했습니다. 우리는 작업장을 짓겠다고 생각했습니다. 그러자면 많은 돈이 들 텐데, 돈도 없고 후원자가 꾸려가는 자선학교가 어떻게 그만한 돈을 구하겠습니까? 어쨌든 건물은 우리 생활의 토대 가운데 하나입니다. 그러면 아이들에게 작업장을 짓게 하면 어떨까요? 우리는 "좋다, 작업장 설계를 하자."고 말했습니다. 그래서 아이들이 설계를 했습니다. 아이들은 건축관계 공무원을 만나러 갔습니다. 그 사람은 "아이들이 작업장을 지으려고 설계허가 얘기를 하러 온 일은 한 번도 없는데" 하며 머리를 긁적거렸습니다. 아무튼 그 사람은 아주 좋아했고 무척 호의를 보였습니다. 그 사람은 학교에 와서 아이들에게 말했습니다. "이것은 좋구나, 그렇지만 이것은 옳지 않아. 저건 잘못되었고. 이것을 바꾸고 저것을 고치면 설계허가를 해주마." 그래서 우리는 설계를 변경하고 허가를 받았습니다. 그리고 이 년 걸려서 우리는 근사한 작업장을 지었습니다. 아이들은 그것을 자랑스럽게 생각합니다. 아이들은 너무 행복해합니다. 사람들에게 그 작업장을 보여주면서 "우리가 지었어요."하고 말합니다.

우리는 교과과정을 두 부분으로 나눕니다. 이 세상에서 필요한 학구적인 부분이 있습니다. GCES(중등교육 학력평가) 시험도 치러야 합니다. 하지만 거기에는 학과시간의 절반이면 충분합니다. 충분하고도 남습니다. 나머지 반은 정신, 영혼, 마음, 몸, 상상력, 시, 연극같이 측정하고 평가할 수 없는 모든 것들을 교육하는 시간입니다. 진정한 교육, 진정한 학습은 평가될 수 없습니다. 아무도 시에서 GCES를 통과했다고 말할 수 없습니다. 또한 상상력이나, 영성이나 텃밭가꾸기에서 GCES를 통과했다고 말할 수 없습니다. 그래서 작은 학교로 우리는 하나의 모범을 세우려고 했습니다. 그리고 이런 노선으로 시작하는 새로운 학교들이 여럿 있다는 것을 기쁘게 말할 수 있습니다. 더비셔에 하나, 도셋에 하나, 스코틀랜드에 하나, 브리스톨에 하나, 그밖에 여러 곳에 비슷한 학교들이 있습니다. 그리고 영향력이 더 미친다면, 공장 같은 커다란 대규모 학교, 아이들은 숫자에 지나지 않고 탁아소나 아이 봐주는 곳 같은 학교는 원하지 않는다고 더 많은 사람들이 말한다면, 그렇다면 정부가 생각을 바꿀 거라고 나는 확신합니다. 그리고 우리는 작은 학교를 더 많이 갖게 될 것입니다.

작은 학교에 반대하는 한 가지 논거가 있습니다. 정부지도자들은 이렇게 말합니다. "아, 그건 비경제적입니다. 우리는 그렇게 많은 작은 학교들을 돌볼 여유가 없습니다." 여기에 맞서는 나의 주장은 — 약간 놀리는 투로 말이지요 — 하느님의 계획은 두 부모에 한 아이라는 것입니다. 하느님은 그것이 비경제적이라고 생각하지 않았습니다! 한 아이를 만들어내고 한 아이를 교육하는 데에 한 아버지와 한 어머니가 필요합니다. 만일 하느님에게 두 사람에 한 아이가 교육받게 할 여유가 있다면 적어도 우리 정부는 선생님 하나에 열 명, 열다섯 명의 아이를 맡길 여유가 있습니다. 왜 안됩니까? 더 진지하게, 작은 학교에서 우리는 우리나라의 표준교육보다 더 돈이 들지 않는다는 것을 증명했습니다. 우리는 디본 카운티가 디본의 아이 하나에 쓰는 돈보다 조금 덜 씁니다. 우리가 교육을 조직하는 방법이 약간 다르기 때문에 돈이 더 들지 않습니다.

하트랜드 마을은 하나의 공동체, 번창하고 아름답고 전통이 살아있는 좋은 영국 마을입니다. 지금 이 마을에는 도자기 굽는 사람, 집 짓는 사람, 농사짓는 사람, 정원 돌보는 사람, 음악가, 미술가, 시인, 작가 들이 있습니다. 모두가 마을에 있습니다. 우리가 학교를 시작할 때 나는 마을의 도공에게 가서 말했습니다. "우리는 학교를 시작합니다. 정규 도자기 선생님을 모실 여유가 없습니다. 일주일에 한 번 오셔서 우리 아이들을 가르쳐 주시겠습니까?" 그 사람은 "네, 기쁘게 하지요. 날마다 도자기만 만드는 게 지루해졌습니다. 하루를 비워서 아이들을 가르치겠어요."하고 말했습니다. 그런 겁니다. 그 사람에게 하루 분의 돈을 주면 됩니다. 그저 푼돈이지요. 이런 식으로 농부와 집 짓는 이, 목수 같은 마을 사람들을 찾아다녔습니다. 그 사람들은 하루나 반나절 또는 필요한 시간만큼 옵니다. 와서 실제로 필요한 것들을 가르칩니다. 마을 사람들은 자기들이 관여하고 있기 때문에 학교가 자기들의 학교라고 느낍니다. 아이들은 선생님들 모두를 저마다 잘 압니다. 그저 정보를 배우는 것이 아닙니다. 도공이 도자기를 만들고, 전시하고, 팔고, 도자기에 대해 장부를 정리하는 예를 볼 수 있습니다. 얼마나 생생한 모범인지 상상해 보십시오! 선생님은 그저 교실에 와서 몇 가지를 가르치고는 자기 집으로 달아나버리고 아무도 그 선생님이 어디에 있는지조차 모르는 그런 것이 아닙니다.

그래서 하트랜드의 작은 학교에서 우리는 마을 전체가 우리의 학교라고 말합니다. 학교 모임이 있고 부엌이 있고 선생님들이 있는 그 건물만이 학교가 아니라는 말입니다. 마을 전체가 학교, 우리의 학교입니다. 그러니까 학교를 공동체의 중심에 두고 아이들과 어른들 사이에 그렇게 친밀한 관계를 맺을 수 있으면, 그러면 당신은 심성교육을 향해 가고 있는 것입니다.

참다운 교사는 가르치지 않는다

비노바 바브

샘물처럼 햇빛처럼

    공식적인 교육의 중요성은 이치에 맞지 않게 지나치게 강조되어왔다. 그리하여 우리의 교육방식은 우스꽝스러울 만큼 자연스럽지 못하고 해독을 끼치는 것이 되었다. 한 어린이가 재빠른 암기력을 가졌다고 보이면 그 아이는 지나치게 학습을 강요당하고 만다. 부모와 교사들은 그 아이의 머릿속에 얼마나 많은 것이 들어가 박힐 수 있는지 궁금하게 생각한다. 그리고 만약 느린 아이라면 흔히 일부러 무시된다. 그래서 영리한 아이들은 어떻게 해서든 대학에 갈 때까지 잘 꾸려가지

비노바 바브(Vinoba Bhave) — 간디의 정신을 이어받은 인도의 비폭력주의 사회운동가이자 현인. '토지공여운동'을 시작하여, 가난한 사람들에게 무상으로 땅을 나눠주도록 지주들을 설득하기 위해 인도 전역을 몇십 년 동안 돌아다녔고, 그리하여 수백만 에이커(1에이커는 약 1224평) 땅이 실제로 땅없는 농민들의 손에 들어갔다. 교육에 관한 이 글은 《Resurgence》 1974년 1-2월호에 실린 연설문으로 《녹색평론》 25호에 소개된 것이다.

만, 대학에 들어가서는 또, 많은 숫자가 뒤처지고 만다. 설령 대학에서 낙오되지 않는다 해도 대개 나머지 인생에서 아무런 가치있는 것도 이루지 못한다. 그들의 미숙한 정신이 너무나 무거운 짐을 지고 있기 때문이다. 말이 힘차게 잘 달리고 있을 때는 회초리가 필요없는 법이다. 좋은 말이라는 것을 알면 그대로 혼자 내버려두어야 하지 않는가? 회초리를 들면 무슨 일이 일어나겠는가? 말은 놀라서 뒷걸음을 치면서, 말 탄 사람과 함께 도랑으로 떨어져버릴 것이다. 이런 압력은 야만이며, 교육방법으로서는 사라져야 한다.

학생이 '지금 나는 배우고 있어.'라고 느끼기 시작하면 교육방식에 뭔가 잘못이 있다는 것을 뜻한다. 어린아이들의 신체 단련과 발달을 위해 가장 좋은 것은 놀이이다. 아이는 '나는 지금 내 몸을 단련하고 있어.'라고 느끼지 않는다. 아이가 놀이에 빠져 있을 때 외부세계는 존재하지 않는다. 놀고 있는 아이들은 분열되지 않은 하나의 경험 속에 녹아 있다. 편안함이나 불편함도, 배고픔이나 갈증도, 고통이나 권태로움도 느끼지 않는다. 아이들에게 놀이는 기쁨이지 의무가 아니다. 이러한 원리는 모든 학습에 적용되어야 한다. 교육은 의무라는 인위적인 개념 대신에 교육이 기쁨이라는 자연스럽고 고무적인 생각을 북돋워야 한다. 오늘날 아이들 사이에 퍼져 있는 느낌은 교육이 징벌이라는 것이다. 아이의 샘솟는 에너지가 발달하기 시작하자마자, 독립성에 대한 경향이 보이기 시작하자마자, 부모들은 이제 아이들을 학교에 가두어야 할 때라고 결정한다. 학교의 의미는, 그러니까, 아이들을 가둬 놓는 곳이다! 이러한 일을 하는 교사들은 결국 학교라는 감옥의 형리들이다.

'나는 학생들을 가르치고 있다'는 직업적인 태도에서 교사는 자유로워야 한다. '스승(guru)'이 한결같은 마음을 지닌 자연스런 교사가 아니라면 학생들은 자연스럽게 배울 수가 없다. '우리는 지금 프뢰벨, 또는 페스탈로치, 또는 몬테소리 방법으로 가르치고 있어.'라고 생각할 때마다 공허한 말장난에 지나지 않는다는 것을 우리는 알아야 한다. 그것은 무의미한 모방일 뿐이다. 유령이지, 생명이 있는 것이 아니다. 교육은 대수학 같은 것이 아니다. 교육은 공식을 적용하고, 준비된 해답을 얻는 문제가 아니다. 교육은 안에서 솟아올라 바깥세계로 자연스럽게 흘러넘치는 샘물 같은 것이다. 이러한 자연스러운 교육에 뭔가 결함이 있다 하더라도 그것은 큰 문제가 아니다.

우리가 결코 그냥 넘어가서는 안될 것은 하나의 고정된 방법을 좇는 노예들이 질서정연하게 무지를 분배하는 일이다. 이것은 무지의 제도화일 뿐이다. 교육철학자였던 허버트 스펜서는 "고매한 인격을 만드는 데 교육은 아무런 힘을 갖지 못한다."고 말했다. 그런데, 교육방법이란 것에 무슨 가치를 부여할 수 있겠는가? 셰익스피어는 드라마 이론이라는 것을 조금이라도 연구했던가? 수사학의 규칙을 암기함으로써 위대한 시인이 된 사람이 있는가? '체계'와 '방법'이라고 하는 말들 자체에는 아무런 큰 의미와 가치가 없는 것이다. 뭔가 있을 듯한 환상을 심어줄 뿐이다.

가장 깊은 통찰력을 지니고 있었던 선지자들은 교육이 어떻게 이루어지는지 자신도 모른다는 것을 아주 분명히 말했다. 《케나 우파니샤드》에서 말하고 있듯이 '모른다고 말하는 사람이 안다.' 방법이니 수업계획서니 시간표니 하는 것들, 이러한 것은 전부 의미없는 것들이다. 자기기만일 뿐이다. 교육은 오직 살아 있는 행동으로만 이루어질 수 있는 것이다. 생명활동과 아무 관련이 없는 어떤 활동이 교육의 이름으로 주어질 때 이러한 '교육'은, 흔히 몸속으로 들어오는 이물질이 나쁜 영향을 끼치듯이, 사람의 마음에 건강치 못한 해독을 끼친다. 스스로 갈망을 느끼는 것에 대한 탐구가 아닐 때, 아무런 의욕도 느끼지 않는 사람에게 억지로 학습이 강요될 때, 누구도 그런 것을 소화해내지 못한다. 머릿속에 책을 잔뜩 채워넣어 지혜가 얻어지는 것이라면 도서관 선반이야말로 참말 지혜로울 것이다. 그러나 억지로 쑤셔넣은 지식은 소화되지 않는다. 그렇게 되면 우리에게는 정신의 설사병이 일어나고, 우리의 지적 능력은 마비되고 죽어버린다. 그러므로 우리는 교육이란 '아무런 방법 없이 스스로 질서있는 전체를 이루며, 어떠한 스승도 베풀어줄 수는 없지만 그래도 주어지는 것'이라고 정의하기로 하자.

참다운 교사는 가르치지 않는다. 그러나 그이의 옆에서 우리는 배운다. 태양은 아무에게도 빛을 '주지' 않지만 모두가 가장 자연스럽고 쉽게 그 빛을 받는다.

베다의 베다

삶에서 동떨어져 있는 것은 무엇이든지 가르칠 힘을 잃는다. 교육을 삶과 삶의 문제들에서 떼놓으려는 기도는 마치 죽음에 대한 생각을 자꾸만 미루는 것과 같다. 실제로 우리는 순간마다 죽어가고 있으며, 죽음의 날이란 단지 그 마지막 단계일 뿐이다. 열린 눈으로 죽음이라는 현실을 바로 봄으로써 '죽음 전에 죽는' 사람이 진정으로 자유로운 사람이다. 죽음이 다가오는 것을 일상 체험의 하나로 받아들일 수 있는 사람이라면 죽음을 부드럽게 맞이할 것이다. 그러한 체험에서 도피하고, 삶에서 쫓아버리려고 하는 사람은 죽음을 악몽으로 맞게 될 것이다. 소경은 머리를 부딪치고 나서야 길 가운데 기둥이 있다는 것을 안다. 그러나 미리 기둥을 볼 수 있는 사람은 충돌을 피한다.

가르치는 일은 실제 생활 속에서 이루어져야 한다. 아이들을 밭에서 일하게 하고, 어떤 문제가 생기면 풀어가는 데 필요한 지식―우주론, 물리학, 또는 다른 과학 지식을 주어야 한다. 아이들에게 밥을 짓게 하고, 필요할 때 과학을 가르쳐야 한다. 간단히 말해, 아이들이 실제로 살게 해야 하는 것이다. 아이들에게는 누군가가 옆에 있어야 한다. 그러나 그 누군가는 교사라고 하는 특별한 범주에 속해 있어서는 안되며, 실제 세계에서 보통생활을 하고 있는 어떤 사람이어야 한다. 아이들을 지도하기로 되어 있는 사람은 아이들의 생활을 지성적으로 이끌어야 하며, 기회 있을 때마다 삶과 일의 과정을 아이들에게 설명해줄 수 있는 능력이 있어야 한다. 교육은 학생들의 머리에 정보를 채워주는 일이 아니라 지식에 대한 갈망을 불러일으켜 주는 일이다. 교사와 학생은 서로 접촉하면서 둘 다 같이 배운다. 양쪽이 모두 학생인 것이다. 진정한 교육은 체험하고, 실험하고, 소화시키는 일이다. 측정하고 기록할 수 있는 것은 교육이 아니다. 교육은 나눠질 수 있는 것이 아니다.

《우파니샤드》에는 무지에 대한 찬양이 지식에 대한 찬양과 나란히 나와 있다. 우리에게는 지식뿐만 아니라 무지도 필요하다. 지식만으로는, 또는 무지만으로는 우리는 어둠속으로 끌려간다. 그러나 적절한 지식과 적절한 무지의 결합은 영혼의 감로수를 준다. 세상은 너무나 많은 지식으로 꽉 차 있어서 우리가 그 모든 지식을 우리 머릿속으로 채워넣으려고 한다면 미쳐버릴 것이다. 망각능력은 기억능력만큼 우리에게 필요하다.

교육에서 자립의 중요성에 대해 많은 사람들은 동의할 것이다. 자립은 매우 깊은 뜻을 가지고 있다. 육체노동을 해서 경제적으로 자립할 수 있어야 한다. 사람은 누구든지 자기 손을 쓰는 법을 배워야 한다. 모든 사람이 어떤 일이든 손일을 한다면 그 혜택은 엄청날 것이다. 계급구분이 없어지고, 생산이 늘어나며, 번영하고 건강해질 것이다. 적어도 이러한 뜻에서 자립성이 우리 교육 프로그램의 일부를 이루어야 할 것이다.

교육은 학생들이 지적으로 자립하고, 스스로 생각할 수 있는 사람이 될 수 있도록 해야 한다. 이것이 학습의 주된 목표가 된다면 전체 학습과정은 탈바꿈할 것이다. 현재의 학교 교육과정은 수많은 언어와 과목을 포함하고 있으며, 학생들은 이 모든 과목에서 여러 해에 걸쳐 교사의 도움이 필요하다고 느낀다. 그러나 혼자 힘으로 나아가서 지식을 얻을 수 있는 힘을 발휘하도록 학생들을 가르쳐야 한다. 세상에는 무한한 지식이 있고, 사람은 저마다 자기 일을 하기 위해 어떤 지식을 필요로 한다. 그러나 삶에 필요한 이러한 지식이 학교에서 얻어질 수 있다고 생각하는 것은 잘못이다. 삶에 필요한 지식은 오직 삶 속에서만 얻을 수 있다. 학교가 할 일은 삶에서 배울 수 있는 능력을 학생들에게 일깨우는 것이다.

대부분의 부모는 자기 아이들이 봉급받는 일자리를 얻고, 편안하게 살아갈 수 있도록 학교 과정을 마치기를 바란다. 이것은 교육을 보는 그릇된 방식이다. 배움은 그 자체로서 가치있는 일이다. 배움의 목적은 자유이다. 자유는 타인들로부터의 독립뿐만 아니라 자기 기분과 충동으로부터의 독립도 뜻한다. 감각의 노예가 되어, 충동을 억제하지 못하는 사람은 자유롭지도 않고 자기충족적인 인간도 아니다.

'우리 아이들에게 무엇을 가르칠 것인가' 라는 질문이 《우파니샤드》에 제기되어 있다. 그 대답은 '베다의 베다'를 가르쳐야 한다는 것이다. 우리는 《베다》를 가르치면서 《바이블》은 생략한다. 우리는 《바이블》을 가르치면서 《코란》을 생략한다. 우리는 《코란》을 가르치면서 《다마파다》를 생략한다. 우리는 《다마파다》를 가르치면서 과학은 생략한다. 우리는 과학을 가르치면서 정치경제학을 생략한다. 어디에서 멈추어야 하는가? 그럴 것이 아니라, 우리가 아이들에게 주어야 할 것은 '베다의 베다', 다시 말해 《베다》를 공부할 수 있는 능력이며, 나머지 모든 것은 스스로에게 맡겨야 한다. 지식에 대한 열쇠를 아이들 손에 쥐어주어야 하는 것이다.

교육의 목적은 두려움으로부터 자유로워지는 것이어야 한다. 《우파니샤드》에서, 스승이 제자들을 가르칠 때 스승은 이렇게 말한다. "너희가 나한테서 무엇이든 좋은 것을 발견하면 따르고, 무엇이라도 좋은 것이 아니면 따르지 말라." 다시 말해, 스승은 학생들에게 자유를 주고, 옳고 그름을 결정할 때 스스로 판단내릴 것을 일러주고 있다. 스승이 말하는 것은 모두 옳다고 생각해서는 안된다. 물론 스승은 진리에 따라 살고자 노력한다. 그렇지 않으면 스승이 아니었을 것이다. 그런데도 자신의 모든 행동이 진리와 조화를 이룰 것이라고 주장할 수 없다. 그래서 스승은 제자들이 주의를 게을리해서는 안된다고 말하는 것이다.

'두려움 없음'이라는 것은 우리가 무엇을 두려워해서도 안되지만, 다른 존재에게 두려움을 느끼게 해서도 안된다는 것을 뜻한다. 호랑이를 두려움이 없는 존재라고 말할 수는 없다. 호랑이는 다른 동물에 대한 두려움이 없을지 모르지만 총을 겁낸다. 그리고 호랑이는 다른 생물들에게 두려움을 불러일으킨다. 참다운 '두려움 없음'은 노예처럼 다른 누구에게 복종하는 것도 아니고, 누구를 노예로 만드는 것도 아니다.

그러한 '두려움 없음'을 위한 충분하고도 유일한 기초는 자기인식이다. 자기인식은 교육의 근본토대이다. 그러나 오늘날 아이들이 받는 교육은 이와 정반대다. 어떤 아이가 잘못을 저지르면 우리는 그 아이를 때린다. 그러면 아이는 두렵기 때문에 우리에게 복종하기 시작한다. 교육이 진실로 '두려움 없음'에 기초하지 않는다면 어떠한 사회변혁의 희망도 없다. 아이들이 자기를 때리는 사람들에게 복종하지 않도록 가르쳐야 한다. 유감스러운 것은 아버지와 어머니들도 그렇게 한다는 것이다. 자신들의 모든 말을 믿고, 자신들을 완전히 신뢰하는 아이를 부모들은 신으로부터 받았다. 신은 부모들의 손에 완전히 진실한 제자를 안겨주었다. 그런데 그 아이가 매를 맞는다. 우리는 가정에서 먼저 '두려움 없음'을 가르치고, 그것을 학교에서 이어가야 한다.

행동이 없는 지식

이 세상 모든 분쟁의 뿌리는 지식이 행동에서 분리되어왔다는 것이다. 행동과 분리된 지식이란 원래 없지만 이 법칙에 한 가지 예외가 있다면, '내가 존재한다' 는 지식이다. 자신에 대한 인식은 행동과 분리되어 있다. 그 인식은 행동 너머에 있다. 그러나 나머지 모든 지식은 행동에 결부되어 있다. 행동이 없으면 지식이 없고, 지식이 없으면 행동이 없다. 그 둘은 하나다. 이것은 방법의 문제가 아니라 교육의 근본 원리이다. 사람들은 묻는다 — 아이들이 만약 하루에 서너 시간씩 일해야 한다면 어떻게 뭘 배울 수 있겠느냐고. 나는 이것을 별난 질문이라고 생각한다. 우리가 정말 물어야 할 것은 만약 아이들이 하루에 서너 시간씩 책읽기에 매달려야 한다면 어떻게 뭘 배우겠느냐 하는 것이다. 서너 시간에 걸친 책읽기가 과연 무엇을 뜻하는지 생각해 보면 놀랄 것이다. 세 시간 동안 한 아이가 60쪽에서 70쪽을 읽을 수 있을지도 모르지만 그렇게 해서 무엇을 진정으로 배우는가? 물론 아이들의 눈 근육은 운동을 좀 하게 될지 모른다. 아이가 책을 읽음으로써 지식을 얻고, 독서야말로 지식에 이르는 지름길이라고 우리는 아무 의심 없이 생각하고 있는 것 같다. 그러나 전혀 그렇지 않다. 오히려 반대로, 책을 통한 학습은 진정한 세계와 우리를 가로막는 커튼과 같은 것이다.

《양봉의 모든 것》이라는 책이 있다. 거기에는 양봉에 관한 모든 정보가 다 들어 있다. 그 책을 읽고서 '이젠 우리도 뭘 할 수 있겠구나. 꿀벌을 좀 구해야지.' 하고 생각했다. 하지만 꿀벌을 구할 수 있기까지 우리는 여러 날을 돌아다녀야 했고, 그 꿀벌들에게 신뢰를 얻기까지는 꼬박 두 달이 더 걸렸다. 모든 것이 책 속에 적혀 있었고, 책은 물론 어느 정도 도움이 되었다. 그러나 지식에 이르는 참된 길은 실제 행동이다. 책읽기와 연구는 행동의 보조 수단이다. '저 사람은 안경이 없다. 어떻게 볼 수 있을까' 하지만, 보는 기관은 눈이지 안경이 아니다. 물론 시력이 약하면 안경이 도움이 될 수는 있다.

학습과 노동의 분리는 또한 사회의 부정의를 낳는다. 어떤 사람들은 연구만 하고, 다른 어떤 사람들은 힘든 노동만 한다. 그러면 사회는 둘로 쪼개지고 만다. 육체노동으로 빵을 버는 사람들이 한 사회계급을 이루고, 머리를 굴리는 사람들이 또다른 계급을 이룬다. 인도의 육체노동자는 하루에 1루피를 받고, 지적인 일을 하는 사람들은 25루피에서 30루피를 받는다. 육체노동과 지식노동을 그토록 달리 평가함으로써 엄청난 부정의가 생기는 것이다. 이러한 사회 부정의를 뿌리뽑는 것이야말로 우리 교육의 목표가 되어야 한다.

이러한 차별이 없어진다고 하더라도 아직 충분치 않다. 우리가 자연과 좀더 친밀한 조화 속에서 살 수 있을 때 우리의 행복은 더 커질 것이다. 우리가 자연에서 멀어질수록 우리는 더욱 큰 불만을 느낄 것이다. 되도록 적은 인구가 농사를 짓고, 되도록 많은 인구가 다른 생산일을 하도록 해야 하겠지만, 그와 함께 전체 인구의 생활은 농업과 가까이 닿아 있어야 한다. 한 개인이 농업생활과 관계가 끊어지면 그 삶은 불완전한 삶이 될 것이다. 사람이면 누구나 땅과 닿아 있고, 흙에 뿌리박은 삶이 필요하다. 사람의 삶이란 자양분을 공급하는 흙에서 차단되면 살 수 없는 나무와 같다. 그러므로 모든 사람이 흙을 일구는 기회를 가져야 한다. 땅과 만나는 것은 사람의 기본욕구다. 땅과 관계가 끊어진 민족이나 문명은 서서히, 그러나 확실히 활력을 잃어버리고 쇠퇴하게 된다.

'기초교육'은 자연과 뗄 수 없는 관계를 맺는다. 기초교육이 어떻게 대도시에서 이루어질 수 있겠는가? 도시가 땅과 흙에서 멀어진 것은 큰 불행이다. 왜냐하면 사람의 삶에 그보다 더 큰 손실이 없기 때문이다. 내가 감옥에 있는 동안 사람들은 내가 스스로 즐기고 있는 듯한 인상을 받았다. 어느날 교도관이 내게 말했다. "당신은 만족스러워 보이는군요. 아쉬운 것이 없나요?" "한 가지 있지요." "그게 뭔데요?" "알아맞혀 봐요. 일주일 여유를 드리지요." 하고 내가 말했다. 일주일 동안 열심히 생각한 뒤에 교도관이 말했다. "당신이 아쉬워하는 것이 뭔지 통 모르겠어요." 그래서 내가 말해주었다. "나는 모든 것에 다 만족하고 있지만, 해가 뜨고 지는 모습을 볼 수 없어서 슬프답니다."

열려 있는 대기 속으로, 창조된 자연만물 사이로 갈 수 있다는 것은 얼마나 큰 기쁨인가! 도시 사람들은 이러한 기쁨을 알 수 없다. 그래서 가엾게도 도시 사람들은 화분에다 플라스틱꽃들을 꽂고, 해돋이와 해지는 정경이 그려진 그림들을 벽에 걸어놓는다! 도시의 생활은 너무나 인위적이어서 밤에도 별을 볼 수 없다. 우리 도시들이 그 모든 인공불빛 가운데서 하늘의 별빛으로 축복을 받을 수 있겠는가? 도시인들은 우리에게 평화와 휴식과 고요한 생각을 위해 주어진 어둠, 밤의 어둠을 태워버렸다. 교육의 앞에 놓인 과제는 지금 우리 도시들을 지배하고 있는 모든 가치체계와 생활방식을 바꾸는 것이다. 자유로운 삶의 기쁨에 견줄 수 있는 기쁨은 아무것도 없다. 산스크리트 말에서 무한한 기쁨을 나타내는 말은 '수카'라는 낱말이다. 그런데 '수카'의 원래 뜻은 '드넓은 하늘'이다. 행복은 열린 하늘 밑에서 발견될 수 있는 것이다.

오직 가르치기만 하는 일이란

어떤 사람 집에 약병들이 가득 차 있으면 우리는 그 사람이 병을 앓고 있다고 추리한다. 그런데 그 사람 집이 책으로 꽉 차 있을 때 우리는 그가 지성적인 사람이라고 생각한다. 그게 정말 옳은 생각인가? 건강의 첫째 법칙은 반드시 필요한 때만 약을 먹는다는 것이다. 마찬가지로 지성의 첫째 법칙은 되도록 책 속에 눈을 파묻지 않아야 한다는 것이다. 우리는 약병들을 병든 몸을 말해주는 신호로 본다. 우리는 세속적이든 종교적이든 모든 책들은 병든 마음을 나타내는 신호로 보아야 한다!

낡은 교육제도의 모습을 가장 역겹게 드러내는 것은 시험제도인 것 같다. 시험을 칠 때면 우리를 감시하고, 어떤 학생도 다른 학생 답안을 베끼지 못하도록 지켜보기 위해 감독관이 지명된다. 이것은 내게 매우 서글픈 광경이다. 우리가 학생으로서 도둑 혐의를 받을 수 있다면 이미 우리는 실패한 것이다. 시험쳐야 할 무엇이 아직 남아 있단 말인가?

나는 내가 치러야 했던 시험과목들에 대해 지금 아무것도 아는 것이 없지만, 시험을 치지 않았던 것들은 잘 알고 있다. 그러므로 내 경험으로 보건대 시험에 어떠한 가치도 둘 수 없다. 시험이란 뱃속을 씻어내기 위해 사람들이 먹는 설사약과 똑같은 것이다. 우리가 시험을 보면 우리가 가진 모든 지식은 깨끗이 씻겨 없어져버린다! 교육학자들이 만들어놓은 이 덫에 우리가 빠져야 할 아무런 이유가 없다.

만일 아이들에게 문이나 창에 대해 가르치고 싶다면 나는 아이들에게 무엇 때문에 창이 필요한지 물어볼 것이다. 그래서, 우리에게 왜

창과 문이 필요한지 아이들이 분명하게 이해할 때, 나는 말할 것이다. "자 그러면, 너희들 몸에 있는 창과 문들은 어떤 건지 말해보렴." 산스크리트 말에서 눈과 귀와 입과 코는 모두 문이라고 말한다. 그리고나서 아이들에게 창을 그리고, 눈을 그리도록 한다. 그러면 그림 그리는 실습이 이루어진다. 그 뒤에 나는 아이들에게 사람들이 만들어온 여러 가지 창문들에 대해 얘기한다. 그래서 또 역사공부가 이루어진다. 이렇게 오래된 창문들이 오늘날 세계 다른 곳에도 있는가? 나는 아이들을 라플란드로 데리고 갈 것이다. 그리고는 창이나 문과 관련하여 아이들에게 라플란드 사람들이 사는 모습을 얘기해 주는 것이다.

인도처럼 중국도 많은 사람들이 오랜 세월 동안 땅을 집중 경작해온 나라다. 그러한 중국이 어떻게 그처럼 높은 생산력을 유지하고 있는가? 비옥한 땅을 지키려고 중국사람들은 무엇을 하는가? 이런 문제와 관련지어 나는 아이들에게 퇴비 얘기를 들려줄 것이다. 우리는 중국에서 특히 인분을 활용하는 법을 배워야 한다. 인분은 중국에서 널리 이용되고 있고, 덕분에 중국의 흙은 오랜 세월 경작되었지만 여전히 높은 생산성을 유지하고 있다.

어떤 미국사람이 중국 농업을 이야기한 《마흔 세기에 걸친 농부들》이라는 책을 썼는데 거기서 이렇게 말한다. "우리 미국사람들은 얼마나 낭비가 심한가! 우리는 한 사람이 15에이커(1에이커는 약 1224평)에서 20에이커 땅을 소유하고, 기껏해야 4세기 동안 경작해왔다. 하지만 생산성을 올리려고 온갖 화학비료를 써서 흙을 망쳐놓았다. 사람의 배설물 같은 귀중한 거름은 거들떠보지도 않고 말이다."

아주 큰 비가 내리는 날은 아이들에게 노는 날이 되어야 한다. 교사도 옷을 벗고 아이들과 함께 빗속에서 놀아야 한다. 인도에서는 비가 오는 날이 노는 날이고, 영국에서는 해가 비치는 날이 노는 날이다. 왜? 영국에는 보통 하늘에 구름이 끼어 있기 때문이다. 이렇게 아이들이 놀고 즐기는 동안 나는 아이들에게 영국 기후에 대해 얼마쯤 지식을 줄 수 있는 것이다.

그러나 이런 지식이 자연스러운 흥미를 떠나서 주어져서는 안된다. 교사가 일방적으로 나서서 라플란드에 관해 얘기해서는 안된다. 자연스러운 기회가 생기도록 해야 한다. 아이들의 지식을 넓혀줄 자연스러운 기회를 잡는 것이 교사의 과제다.

한번은 어떤 젊은이가 사회를 위해 좋은 일을 해보고 싶다고 말했다. 그래서 어떤 일을 잘할 수 있을 것 같으냐고 내가 물었다.

"그냥 가르치는 일이지요. 다른 것은 제가 할 수 없어요. 저는 가르치는 일에 흥미를 느끼고, 그건 잘할 수 있다고 확신해요."

"그래, 그걸 의심하는 건 아니야. 하지만 뭘 가르치지? 물레질! 실 고르는 일! 아니면 베짜는 일! 이런 걸 가르칠 수 있겠어?"

"아뇨, 전 그런 건 가르치지 못해요."

"그러면 옷 만드는 일은? 아니면 물감들이는 일이나 목수일은?"

"아뇨, 그런 것에 대해 저는 아는 게 아무것도 없어요."

"그러면 요리나 맷돌질이나 집안일은 가르칠 수 있겠지."

"아뇨, 그런 일도 해본 적 없어요. 전 오직 가르치는 일만 할 수 있어요."

"이보게, 자네는 전부 아뇨라고 하면서, 가르치는 일만 하겠다고 하는군. 그게 무슨 뜻이지? 텃밭가꾸기를 가르칠 수 있을까?"

교사를 희망하는 그 젊은이는 조금 성난 듯이 "왜 자꾸 그렇게 물으세요? 처음에 말씀드렸잖아요. 저는 다른 것은 못한다고요. 저는 문학을 가르칠 수 있어요."

"맙소사. 이제 이해할 수 있을 것 같군. 그러니까 사람들에게 타고르나 셰익스피어처럼 책을 쓸 수 있도록 가르칠 수 있단 말이지?"

젊은이는 몹시 화가 난 모양이었다. 나는 웃었다.

"그래 좋아. 자네 뜻이 뭔지 안다네. 자네는 읽기, 쓰기, 역사와 지리를 가르칠 수 있다는 얘기지. 그래, 그런 것이 전혀 쓸모없는 것은 아니야. 인생에서 그런 것이 필요한 때가 있지. 하지만 그런 것이 삶에서 기본은 아니란 말일세. 베짜기를 배워보고 싶지는 않은가?"

"지금 새로운 것을 배우고 싶지는 않습니다. 뿐만 아니라 저는 베짜기를 배울 수 없을 겁니다. 전에 한번도 손으로 하는 일은 해본 적이 없거든요."

"그렇다면 배우는 데 시간이 좀더 걸리기는 하겠지만, 어째서 배울 수 없다는 거지?"

"저는 제가 베짜기를 배울 수 있다고도 생각하지 않지만, 배울 수 있다고 해도 그건 너무 힘들고 고통스런 과정일 겁니다. 그러니 제발 제가 그런 일을 할 수 없다는 걸 이해해 주십시오."

이 대화는 오늘날 너무나 많은 우리 '교사들'의 심리와 특성을 잘 이해할 수 있게 해준다. '오직 가르치기만 하는 일'이란, 실생활에서 쓸모있을지도 모르는 어떤 실용기술에 대해 아무것도 모른다는 것을 뜻한다. 어떤 것이든 손으로 하는 일에는 무관심하면서 자기만족적으로 책속에 묻혀 지내는 사람들이 바로 교사들이다.

'오직 가르치는 일'이란 삶에서 동떨어진 시체 상태를 말한다. 교사들은 '오직 가르치는 일'이라는 그릇된 견해를 버리고, 노동자들과 농민들처럼 자기 삶에 대한 책임을 떠맡아야 한다. 자기가 가르치는 학생들이 이런 책임에 참여하도록 해야 하고, 그들을 둘러싼 전체 환경이 교육의 수단이 되도록 만들어야 한다. 다시 말해, 교육이 스스로 우러나오도록 해야 하는 것이다.

교사는 그 학교가 속한 전체 마을을 고무시키는 사람이 되어야 하고, 학교는 봉사의 중심이 되어야 한다. 지역사회에 의약품이 필요하다면 학교에서 공급해 주고, 거리에 청소가 필요하다면 학교가 청소를 시작해야 한다. 사람들이 분쟁 해결에 도움을 구하러 교사에게 가야 한다. 학교는 축제 계획을 짜야 한다. 이런 식으로 학교는 공동체의 중심이 되어야 한다.

차 한 잔 속의 교육

학생들에게 가장 중요한 것은 정신의 독립성이다. 완전한 자유에 대한 권리를 누군가 가진다면 마땅히 학생이 가져야 한다. 신뢰가 없는 곳에 지식이 얻어질 수 없다. 마찬가지로 중요한 것은 학생이 지적 자유를 가져야 한다는 것이다. 많은 사람들은 신뢰와 지성은 양립하지 않는다고 생각하지만, 그것은 잘못이다. 눈과 귀는 다른 기관이지만, 서로 충돌하지 않는다. 신뢰와 지성의 관계도 같다. 신뢰가 없으면 무엇인가를 배우는 것이 불가능하다. 지식은 신뢰 속에서 시작된다. 그러나 지식은 독립적인 사고 속에서 완전해진다. 따라서 학생들은 사고의 자유를 방기해서는 안된다. 학생들의 동의를 강요하는 선생은 선생이 아니다.

　나는 학생들의 그러한 권리가 현대세계에서 상실될 위험에 있다는 것을 경고하고 싶다. '규율'이라는 이름으로 학생의 마음을 한 가지 꼴 속에 억지로 집어넣으려는 기도가 이루어지고 있다. 규율이라는 이름으로 우리는 기계적 획일성을 강요하고, 이것 때문에 아이들의 정신은 훼손된다.

　전세계에서 교육은 정부의 통제를 받고 있다. 이것은 매우 위험한 일이다. 정부는 교육에 대해 어떠한 권위를 가져서도 안된다. 교육에 관한 일은 지혜로운 사람들에게 맡겨야 한다. 그러나 지금은 교육을 정부가 장악하고 있다. 그리하여 학생들은 교육부가 처방하는 책이라면 무엇이든지 학습해야 한다. 정부가 파시스트 정부라면 학생들은 파시즘을 배워야 하고, 공산주의 정부라면 공산주의를 공부해야 한다. 자본주의 정부는 자본주의의 위대함을 선전할 것이다. 계획경제를 믿는 정부라면 학생들은 계획경제에 관해 모든 것을 배울 것이다. 인도의 전통에서 우리는 교육은 국가의 통제에서 완전히 자유로워야 한다는 원칙에 익숙해왔다. 국왕은 스승들(gurus)에게 어떠한 권위도 행사하지 못했다. 왕은 교육을 통제하는 힘을 갖지 못했다. 그리하여 산스크리트 문학은 세계 어디서도 볼 수 없을 만큼 사상의 자유를 성취했고, 힌두철학 안에 적어도 여섯 개가 넘는 서로 양립하기 어려운 철학들이 생겨났다. 이러한 활력은 교육이 국가에서 독립함으로써 나온 것이다.

　교사들은 지위가 너무 떨어져서 스스로 아무런 권위도 갖고 있지 않다고 느끼고 있다. 교사들은 정부가 지시하는 대로 따라야 한다. 교사들은 명령에 복종하는, 권위의 하인들이다. 오늘날 교육을 확대하려는 시도가 있고 학교와 교사 수는 늘고 있지만, 진정한 스승의 정신은 거기에 없다. 좋은 선생은 좋은 하인을 뜻하고, 나쁜 선생은 나쁜 하인을 뜻한다. 좋든 나쁘든 하인으로 남아 있을 뿐이다.

돈으로 살 수 있는 지식은 지식이 아니다. 현금으로 살 수 있는 지식은 무지다. 진정한 지식은 오직 사랑과 봉사로써만 얻어질 수 있다. 그리하여 지혜로운 선생이 여기서 저기로 여행하면서 어느 마을에 이르면, 사람들은 기꺼이 선생을 며칠 동안 머물도록 초대하여 공경하면서 선생이 베푸는 지식을 받아들이도록 해야 한다. 이것은 얼마든지 실행할 수 있는 계획이다. 강물이 스스로 마을에서 마을로 흘러 사람들에게 봉사하듯이, 소들이 숲속에서 풀을 뜯어먹고 스스로 돌아와 아이들에게 우유를 주듯이, 지혜로운 선생들은 이곳에서 저곳으로 다닐 것이다. 우리는 이 '방랑하는 스승'이라는 제도를 부활시켜야 한다. 이런 방식으로 마을은 대학을 갖게 되고, 세계의 모든 지식이 온갖 마을로 들어갈 수 있을 것이다. 우리는 또한 '바나프라스타슈람'(세속적 책임으로부터의 자유)의 전통을 되살려내어 모든 마을에 큰 비용을 들이지 않고 늘 선생이 있도록 해야 한다. 모든 가정은 학교여야 하고, 모든 농경지는 실험실이어야 한다. 모든 '바나프라스타'는 선생이어야 하며, 방랑하는 모든 '산야시(구도자)'는 대학이어야 한다. 학생들은 배우고자 하는 아이들과 젊은이들이다. 모든 마을에는, 배우는 데 한두 시간을 보내고 나머지 시간은 일하는 데 쓰는 사람들이 있을 것이다. 태어나서 죽음에 이르기까지 이렇게 하여 완전한 교육과정이 이루어질 것이다.

이러한 교육의 목적은 전체 마을이 자기 힘으로 삶의 문제를 푸는 것이다. 그러므로 마을의 부와 자원은 개인들이 아니라 마을 자체에 속해야 한다. 그럴 때만 모든 아이들이 똑같은 교육기회를 누리도록 계획을 세울 수 있다. 우리가 아이들에게 순수하고 영양있는 음식을 나누어주지도 못한다면, 어떻게 우리가 아이들에게 균등한 교육을 베풀 수 있는가?

우리가 누구더러 지금 마시고 있는 것이 무엇이냐고 물으면 '차' 라고 대답할지 모른다. 그 속에 설탕도 들어 있을 수 있지만 사람들은 설탕에 대해서는 말하지 않고, 또 차와 설탕을 마신다고도 말하지 않는다. 설탕의 단맛이 차 속에 퍼져 있지만 그것을 마시면서도 설탕에 대해서는 한마디도 하지 않는다. 교육이란 이 설탕과 같은 것이라야 한다. 교육은 은밀히 작용하는 것이다. 우리는 손과 발, 귀와 혀가 활동하는 것을 볼 수 있지만, 아무도 영혼이 무엇을 하는지 보지 못한다. 우리의 귀는 귀기울이는 것 같고, 혀는 말하는 것 같다. 그러나 어떻게 보이든지 말하는 것은 혀 혼자가 아니다. 겉으로 보기에는 어떻든 듣는 것도 귀 혼자가 아니다. 말하고 듣는 것은 우리 안에 있는 영혼이다. 영혼은 보이지 않는다. 가장 좋은 교육은 이처럼 보이지 않는다. 많이 보이면 보일수록 그 교육은 그만큼 완전하지 못한 것이다.

부모와 교사가 먼저 깨어야 한다

지두 크리슈나무르티

삶을 이해하는 교육

교육의 참된 뜻이 무엇인지 자신에게 물어본 일이 있는가? 왜 우리는 학교에 가서 그 많은 과목들을 공부하고, 왜 시험을 보며 더 좋은 점수를 얻으려고 서로 경쟁을 해야 하는가? 대체 우리는 왜 교육을 받으려고 안달하는가? 시험에 합격하고 좋은 직업을 얻기 위해서인가? 직업을 갖고 돈을 버는 일은 필요하다. 그러나 그것뿐인가? 그것을 위해 우리가 교육을 받는가?

삶은 분명히 직업만이 아니다. 삶은 놀라울 만큼 깊고 넓은 무엇이

지두 크리슈나무르티(Jiddu Krishnamurti) — '세계의 교사'라고 불리는 그이는 세계 곳곳을 다니며 삶의 온갖 문제들에 대해 이야기를 나누면서 참된 인간해방의 가르침을 폈다. 교육 문제에도 깊은 관심을 가져 인도와 영국, 미국에 학교를 세우고 아이들과 교사와 자주 만나 이야기를 나누곤 했다. 여기 소개하는 글은 《굴레에서 해방을 Education & the Significance of Life》(심설당)과 《Commentary on life》에서 뽑은 것이다.

며 하나의 위대한 신비다. 우리가 다만 돈벌이를 하는 데서 그친다면 우리는 삶 자체를 보지 못하게 될 것이다. 삶을 이해하는 일은 시험을 잘 보고 자기 분야에서 뛰어난 능력을 갖는 것보다 훨씬 더 중요한 일이다. 우리는 대개 삶의 작은 한 부분만을 알려고 한다. 시험에 합격하고 직업을 얻고 결혼하고 아이들을 갖고 그러면서 우리들은 점점 기계를 닮아간다. 한편으로 삶에 대해서는 여전히 두려워하고 걱정하면서…

우리는 학위를 따고 이름 뒤에 직함을 기다랗게 늘어놓고 안정된 생활을 할 수도 있다. 그런데 그 다음은? 그러는 동안 우리 마음이 무디어지고 어리석어진다면 그 모든 것이 다 무슨 소용인가? 그러므로 우리는 아직 젊을 때 삶이 과연 무엇인지 탐색해야 하지 않을까? 그래서 삶의 모든 문제들에 올바로 대처할 수 있는 지성을 일깨우는 것이 교육이 진정으로 해야 하는 일이 아닐까?

지성이란 무엇인가? 지성은 어떤 틀이나 두려움에 얽매이지 않고 자유롭게 생각하며 무엇이 진실인지 스스로 알아내는 능력이다. 하지만 우리들 대부분은 이런저런 두려움을 가지고 있다. 사랑하는 사람을 잃을까봐 두려워하고, 직장을 잃을까봐 두려워하고, 주위 사람들이 무슨 말을 할까 두려워하고, 죽음을 두려워한다. 우리는 결국 삶을 두려워하는 것이다. 이런 두려움이 있는 곳에는 지성이 꽃필 수 없다. 우리가 젊을 때 아무 두려움이 없는 자유로움 속에서 살 수는 없는 것일까? 하고 싶은 대로 아무 것이나 하는 자유말고, 삶의 모든 과정을 알게 해줄 자유 속에서 말이다.

우리들 부모나 사회는 우리가 안전하게 살기를 바라고, 우리들 자신도 대부분 아무 탈 없이 살기를 바란다. 아무 일 없이 산다는 것은 대개 여기저기 눈치를 보며 흉내내며 산다는 말이고, 곧 두려움 속에서 산다는 뜻이다. 무엇을 두려워한다면 우리는 자유롭게 묻고 관찰하고 배우고 깊이 깨어 있을 수가 없다. 두려움은 우리를 둔감하게 만들고 창의력을 파괴하며 우리가 너그러움이나 사랑이라 부르는 불꽃을 꺼버린다. 그러므로 두려움에서 해방되는 것은 어떤 시험보다, 어떤 학위보다도 중요하다. 교육이 해야 하는 일은 이처럼 우리의 삶을 병들게 하고 창의력과 사랑을 파괴하는 두려움이라는 것을 깨끗이 씻어 내는 일이어야 한다.

따라서 교육은 단순히 지식을 얻거나 사실들을 끌어모아서 엮는 일이 아니라, 삶의 의미를 전체로 깨닫게 하는 것이어야 한다. 삶을 가득하고 완전하게 살 수 있도록 돕는 것이야말로 교육이 해야 할 일이다. 오늘날의 교육은 단순히 기술만을 강조함으로써 완전히 실패했다. 우리가 삶의 의미를 깨닫지 못한 채 기술과 능률만 개발한다면 갈수록 둔감하고 무자비한 사람이 될 것이다. 기술 지식이 필요하긴 하지만 우리 내면의 갈등을 해결해 주지는 못한다. 기술이 우리를 파괴하는 도구로 변한 것은 삶의 전체 과정을 깨닫지 못하고 기술 지식만을 터득했기 때문이다. 올바른 교육은 어떤 기술을 가르치기도 해야 하지만 그보다 더 중요한 문제, 곧 온전한 삶의 전체 과정을 이해할 수 있도록 해야 한다. 이러한 이해야말로 사람의 능력과 기술이 본래의 올바른 구실을 할 수 있도록 해준다.

삶을 이해한다는 것은 곧 우리 스스로를 깨닫는 것이다. 바로 이 깨달음이 교육의 시작이자 마지막이다. 참된 뜻에서 교육은 자기 자신을 깨닫게 하는 것이다. 왜냐하면 우리 안에 존재 전체가 함축되어 있기 때문이다.

아이들을 정말 사랑한다면

참된 교육은 개인이 온전하게 자라서 자유를 누리고, 사랑과 덕성이라는 위대한 꽃을 피우도록 북돋워 주는 일이다. 우리가 마땅히 관심을 가져야 될 것은 이같은 진정한 교육이지, 어린이를 어떤 이상의 틀에 끼워맞추는 일이 아니다.

어떠한 제도나 방법도 결코 올바른 교육을 보여주지 못한다. 특별한 방법을 고집하는 것은 분명히 교사의 게으름을 드러내는 것이다. 교육이 틀에 박힌 원칙을 바탕으로 하는 한 그 교육은 능률적인 인간만 길러내지 창조적인 사람을 길러낼 수는 없다.

오직 사랑만이 서로를 이해할 수 있게 한다. 사랑이 있을 때에만 같은 시간에 같은 정도로 다른 사람과 함께 교감을 나눌 수 있다. 우리 자신은 너무나 메마르고 텅 비어 있으며 사랑이 없기 때문에 정부와 제도가 우리 자식들의 교육과 우리 삶의 방향까지 떠맡아서 결정하도록 놔둬왔다. 그러나 정부는 능률적인 기술자를 원할 뿐 결코 인간을 원하지 않는다. 왜냐하면 살아 있는 사람은 정부나 조직화한 종교에게는 위험한 존재가 되기 때문이다. 바로 그 때문에 정부와 종교단체들이 교육을 장악하고 지배하려 드는 것이다.

올바른 교육은 어린이들에게 우리들이 생각하는 이상에 맞는 인간형의 틀을 덮어씌우지 않고 어린이를 있는 그대로 이해하는 데 있는 법이다. 어린이를 어떤 이상의 틀 안에 가두어버리는 것은 규범에 순응시키는 결과를 낳을 뿐이다.

　이같은 순응은 본래 있는 그대로의 자기와 이상의 틀에 맞추어진, 그렇게 되어야만 하는 자기와의 사이에 끝없는 갈등을 일으키고 불안을 낳는다. 그리고 내면의 모든 갈등은 사회에서 어떤 식으로든지 바깥으로 나타나기 마련이다. 이상은 우리가 어린이를 올바르게 이해하고 또 어린이가 스스로를 깨닫는 데 장애물이 될 뿐이다.

　진실로 자기 아이들을 이해하려고 하는 부모는 이상이라는 틀을 가지고 자식을 바라보지 않는다. 자식을 진정으로 사랑하는 부모라면 아이를 있는 그대로 관찰하고, 아이의 성격이나 기분, 버릇 따위를 살피며 연구한다. 자식에게 사랑을 느끼지 않을 때 부모는 자식에게 이상이라는 굴레를 씌운다. 그리하여 부모는 자식을 통해 자기 욕망을 채우려고 자식에게 이러저러한 사람이 되기를 요구하게 되는 것이다. 이상을 사랑하지 않고 자식을 정말 사랑한다면 자식이 본래 있는 그대로의 자기를 깨달을 수 있도록 도와줄 수 있을 것이다.

　예를 들어 만약 아이가 거짓말을 할 때 그 아이에게 진실이라는 이상을 따르라고 말하는 것이 무슨 가치가 있겠는가? 그럴 때는 아이가 왜 거짓말을 하는지 원인부터 찾아내지 않으면 안 된다. 어린이를 북돋아 주기 위해서는 사랑과 인내심을 가지고 오랜 시간에 걸쳐 관찰하고 연구해야만 한다. 그러나 사랑이 없을 때, 진정한 이해가 없을 때 우리는 이른바 이상이라고 부르는 어떤 행동 규범에 어린이를 억지로 끼워맞추려 든다.

　이상은 하나의 편리한 도피처이다. 이상만을 좇는 교사는 아이들을 진정으로 이해할 수 없고 또 지혜롭게 보살필 수도 없다. 그런 교사에게는 마땅히 그렇게 되어야 하는 미래의 이상이 지금의 아이보다 더 중요하게 여겨지기 때문이다. 이상을 좇는 것은 사랑에서 멀어지는 길이다. 그러나 사랑 없이는 사람들 사이의 어떤 문제도 해결할 수가 없다.

만약 올바른 교사라면 결코 어떤 방법에 매달리지 않고 한 아이 한 아이를 있는 그대로 관찰하고 주의를 기울일 것이다. 어린이와 청소년을 만날 때 가장 명심해야 할 점은, 이들을 마치 쉽게 고쳐지는 기계 장치처럼 다룰 것이 아니라, 감수성이 풍부하고 생명력에 차 있으며 민감하고 두려워하며 다정다감한 생명체라는 사실을 잊지 말아야 한다는 것이다. 우리는 크나큰 이해심, 곧 사랑하고 참는 힘을 지녀야만 한다. 그렇지 못할 때 우리는 흔히 손쉬운 교정 수단을 찾아서 기계적이고 기적 같은 어떤 결과가 나오기만 바라게 된다.

그러므로 대량교육으로는 어떤 중요한 가치도 이룰 수 없다. 오직 아이들 저마다가 지닌 기질과 능력, 장애를 주의깊게 살피고 이해함으로써 정말로 가치있는 결과를 얻을 수 있다. 이러한 사실을 자각한 사람들, 그리고 진지하게 자기 자신을 깨우치고 자라나는 아이들에게 도움이 되고자 하는 사람들이 한마음으로 뭉쳐야 한다. 그래서 아이들이 삶 속에서 지혜를 터득할 수 있는 그런 학교를 세워야 한다. 하지만 그런 학교를 세우기 위해 필요한 수단을 갖출 때까지 기다릴 필요는 없다. 우리는 집안에서부터 참된 교사가 될 수 있으며 또, 기회는 성실한 사람에게 찾아오기 마련이니까.

자기 자식들과 주위의 젊은이들에게 사랑을 쏟는 사람들은 자기 집에서나 어느 길모퉁이에서나 올바른 학교가 시작될 수 있다는 것을 알게 될 것이다. 그 다음은 돈 문제인데, 그것은 힘이 닿는 만큼 고려하면 된다. 제대로 된 작은 학교를 유지해 나가는 일이 재정상 힘이 드는 것은 분명하지만, 그런 학교는 넉넉한 은행구좌를 기반으로 하기보다 함께 하는 이들의 헌신을 토대로 할 때 유지되고 번창할 수 있다. 그러나 정말로 가치가 있는 학교라면 필요한 도움을 얻어낼 수 있을 것이다. 아이들을 진실로 사랑한다면 모든 문제는 풀어갈 수 있다.

부모와 교사부터 깨어나야 한다

올바른 교육은 먼저 부모와 교사로부터 시작되어야 한다. 부모와 교사들이 자기를 깨닫고 틀에 박힌 생각에서 벗어나야 한다. 왜냐하면 부모와 교사가 아이들에게 주는 것은 다름아닌 그들의 됨됨이인 까닭이다. 그러므로 문제는 아이들이 아니라 곧 부모와 교사이다.

부모들이 참으로 자식들을 걱정한다면 새로운 사회를 만들 것이다. 그러나 대부분의 부모들은 근본적으로 자식들을 염려하지는 않는다. 부모들은 돈을 벌고 즐기거나 종교의식에 참석하는 데는 시간을 들이지만 자식들을 위한 올바른 교육이 무엇인지를 생각하는 데는 시간을 들이지 않는다. 이것은 거의 모든 사람들이 올바른 교육문제와 맞닥뜨리기를 바라지 않는다는 사실을 뜻한다. 올바른 교육과 맞닥뜨린다면 사람들은 아마 즐거움과 오락을 포기해야 하는 것으로 생각할지 모른다. 확실히 사람들은 올바른 교육과 마주하는 것을 꺼리고 있다. 그래서 자기들이 자식들을 염려하지 않는 것처럼 교사들이 아이들을 염려하지 않는 그런 학교에다 자식들을 보내 버린다. 왜 교사가 아이들을 걱정해야 하는가? 가르친다는 것은 교사에게 단지 하나의 직업이요,

돈을 버는 수단에 지나지 않는데 말이다.

교육이 가장 명예롭고 책임있는 직업이 되는 대신 지금은 오히려 업신여겨지고 있다. 그리고 거의 모든 교사들은 일상의 굴레에 얽매여 있을 따름이다. 인간의 완성과 슬기에는 진정한 관심이 없고 다만 지식 전달에만 급급할 뿐이다. 무너지고 있는 자기 주변 세계에 대한 지식만 전달하는 사람을 교사라고 할 수는 없다.

교사는 단순히 지식을 전하는 사람이 아니다. 지혜와 진리에 이르는 길을 가르쳐주는 사람이 바로 교사이다. 진리야말로 교사보다도 훨씬 더 중요하다. 진리는 어떤 나라, 어떤 신조에 얽매여 있는 것도 아니고, 또 어떤 사원에서 찾을 수 있는 것도 아니다. 진리를 추구하지 않는다면 사회는 곧 썩어버린다. 새로운 사회를 만들려면 우리들이 저마다 진실한 교사가 되지 않으면 안 된다. 곧 우리가 학생이자 스승이 되어야 한다는 뜻이다. 다시 말해 우리는 우리 자신을 가르쳐야 한다.

어떤 학위도 갖지 않은 사람들은 기꺼이 새로운 시도를 하려고 하기 때문에 흔히들 가장 훌륭한 교사가 된다. 그들은 전문가가 아니므로 삶을 배우고 깨닫는 데 흥미를 보인다. 참된 교사가 가르치는 것은 지식이나 기술이 아니라 자신의 삶의 방식이기 때문이다. 진실한 교사는 위대한 예술가처럼 창조하는 일을 포기하기보다는 차라리 굶주림을 택할 것이다. 이같이 가르치고 싶은 불꽃 같은 열망이 없다면, 그런 사람은 교사가 되어서는 안 된다. 이러한 타고난 품성이 자기에게 있는지 어떤지를 스스로 발견하고, 또 단순히 생계 수단으로 무작정 가르치는 일에 덤벼들지 않는 것이 무엇보다도 중요하다.

어떤 사람들은 '어떻게 하면 올바른 교사가 될 수 있는가?' 하고 물을지 모른다. 그러나 '어떻게'라고 묻는 것은 분명히 자유로운 마음이 아니고 어떤 이익이나 결과를 바라고 있는 마음이며 또한 겁많은 마음이다. 무엇인가 되려고 하는 바람이나 노력은 단지 마음을 그 욕망의 대상에 끼워맞추어 적응하도록 할 뿐이다. 하지만 자유로운 마음은 늘 깨어 있도록 주의를 기울이며 또 탐구하고 배움으로써 마음이 스스로 지어낸 모든 굴레를 벗어던져버린다.

자유는 바로 처음부터 있는 것이지 끝에 가서 얻어지는 것이 아니다. '어떻게'라고 묻는 순간 넘어설 수 없는 어려움에 부딪히게 된다. 온 삶을 바쳐 교육에 헌신하기를 열망하는 교사라면 결코 그런 질문을 하지 않을 것이다. 그런 교사는 올바른 교사가 될 수 있는 어떤 방법도 없다는 것을 알고 있기 때문이다. 진정으로 관심을 쏟고 있는 사람이라면 바라는 결과를 보장해줄 어떠한 방법도 요구하지 않는다

자기 자신을 깨달은 사람은 가르치는 기술에서도 체험으로 어떤 경지에 이른다. 창조하고자 하는 내적 충동은 나름대로 고유한 솜씨를 이끌어내기 때문이다. 바로 이것이 가장 위대한 예술이다. 어린이가 그림을 그리고 싶은 창조적인 충동에 사로잡힐 때는 어떻게 그릴 것인가 하는 기교 따위는 생각 않고 그냥 그려 나갈 뿐이다. 마찬가지로 깨달음을 체험하고 '그로 말미암아' 가르치는 사람들이야말로 참된 교사들이며 그런 교사들은 또한 나름대로의 고유한 솜씨를 펼쳐 보인다.

하지만 가르치는 일이 진실로 우리의 천직이라고 할지라도 지금 같은 교육의 혼란에서 벗어나는 길을 찾지 못해서 때때로 좌절감을 느낄 수도 있다. 그러나 올바른 교육의 본질을 깨닫는 순간 우리는 다시금

필요한 추진력과 열정을 지니게 될 것이다. 이러한 일은 의지나 결심의 문제가 아니고 인식과 깨달음의 문제이다.

  가르치는 일이 자신의 천직이고 또한 올바른 교육이 얼마나 중요한지를 알고 있는 사람이라면 역시 올바른 교사임에 틀림없다. 그렇다면 어떤 방법을 좇을 필요가 없다. 개인의 자유와 완성에 이르는 데 무엇보다 올바른 교육이 있어야 한다는 것을 자각함으로써 그 사람 속에 본질적인 변혁이 일어날 것이다. 올바른 교육으로만 사람들에게 평화와 행복이 있을 수 있다는 것을 깨닫게 되면 자연히 자기의 모든 삶과 관심을 올바른 교육을 위해 바치게 될 것이다.

2

우리는 무엇을 배웠는가

교사들의 일곱가지 죄
교육인가 장사인가
우리는 무엇을 배웠는가
아이들은 '텅 빈 머리'가 아니다
우리가 꿈꾸는 학교
불복종 정신이 살아 있는 학교

교사들의 일곱 가지 죄

존 테일러 개토

제가 개토입니다. 26년 전, 제가 교사 노릇을 직업으로 골라잡았던 것은 그보다 썩 좋은 다른 일거리를 떠올릴 수 없었기 때문이었습니다. 제가 가진 자격증은 영어와 영문학을 가르치는 것인데요. 하지만 제가 하는 일은 전혀 그게 아닙니다. 저는 영어를 가르치는 게 아니라 그냥 선생 노릇을 하는 겁니다. 그리고 그 일을 잘한다고 상도 타고 그러는 겁니다.

가르친다는 일, 이것은 지역에 따라 다른 내용을 가지는 일입니다. 그러나 할렘에서 할리우드까지 어느 곳에서나 두루 가르치는 일곱 가

존 테일러 개토(John Taylor Gatto) — 미국 뉴욕 주 맨해튼의 몇 군데 공립학교에서 26년 동안 교사 생활을 하면서 여러 차례 모범교사상을 받았다. 퇴직한 뒤로는 올바니 자유학교에서 자신의 독특한 게릴라식 교수법을 꾸준히 실천하고 있으며 또, 전국을 다니면서 국가 교육제도의 근본 개혁을 촉구하는 활동도 함께 하고 있다. 이 글은 1991년 '뉴욕 주 올해의 교사'로 지명된 기념 행사 때 했던 연설로, 푸른나무가 펴낸 《바보 만들기》에서 뽑은 것이다.

지 교과 내용이 있습니다. 이 일곱 가지로 이루어지는 전국적인 교과목을 위해 여러분이 얼마나 여러 가지 길로 돈을 내고 있는지 여러분은 상상도 못할 것입니다. 그러니 그 내용이 뭔지 좀 아시는 게 좋겠죠. 물론 여러분이 이 내용들을 어떤 시각에서 바라볼 것인지는 여러분 마음대로입니다. 하지만 한 가지, 제가 이 이야기를 하는 것이 비꼬는 뜻에서가 아니라는 사실만은 믿어 주십시오. 이 내용들이 바로 제가 가르치는 것이며, 그 보수를 여러분이 저에게 주고 있는 것입니다. 좋아하시든 싫어하시든 그것은 여러분 마음입니다.

1. 혼란
언젠가 인디애너 주에 사는 케이시라는 여자분이 이런 글을 보내 주셨습니다.

아이들에게 중요한 생각이란 어떤 것들일까요? 글쎄 제 생각으로는 아이들에게 가장 필요한 생각은 자기들이 배우는 것이 무질서한 것이 아니라고 하는 사실 같습니다. 그 모두에 어떤 체계가 있으며 마구잡이로 쏟아지는 것을 무기력하게 받아들이기만 하는 것이 아니라는 거죠. 이해하는 일, 체계를 잡는 일이 중요한 것 아니겠습니까?

케이시는 뭘 잘못 알았어요. 제가 맨 먼저 가르치는 것이 바로 '혼란'입니다. 제가 가르치는 모든 것은 제멋대로예요. 모든 것들의 연관성을 파괴하도록 가르칩니다. 관계의 단절, 그것이 제가 가르치는 것입니다. 제가 가르치는 것들은 너무 많아요. 행성의 궤도, 상수법칙

(常數法則), 노예제도, 형용사, 건축제도법, 무용, 체육, 합창, 회의 방법, 소방훈련, 컴퓨터 언어, 육성회, 교사 연수, 퇴거 연습, 표준화된 시험, 학교 밖 어디에서도 볼 수 없는 연령별 격리… 이들 가운데 무엇이 서로 연관성을 갖고 있단 말입니까?

아무리 좋은 학교라도 교과 내용과 시행 방법을 세밀히 검토해 보면 체계에 결함이 있고 모순으로 가득 차 있다는 것을 알게 됩니다. 자연의 질서와 순리를 깨뜨리는 강압이 교육의 질(質)이라는 이름 아래 끊임없이 자신들에게 뒤집어씌워지는 데서 오는 두려움과 분노를 어린이들이 꼭 집어서 표현할 길이 없다는 것은 참으로 다행한 일입니다.

학교라는 곳은 졸업생이 어떤 참된 열정을 갖고 사회에 나가는 것을 바라지 않습니다. 대신에 경제학, 사회학, 자연과학 따위에 나오는 뜻도 모를 전문 용어가 뒤범벅되어 들어 있는 공구 상자를 들고 나가기를 바랍니다. 그러나 무엇에 대해서든 깊은 배움이 없이 교육의 질이란 성립할 수가 없습니다. 서로의 작업에 연관성을 거의 느끼지 않는 많고많은 어른들이 사실은 자격도 없는 전문성을 내세우면서 아이들을 혼란 속으로 몰아넣는 것입니다.

제대로 된 인간이 추구하는 것은 단절된 사실의 파편들이 아니라 의미입니다. 그리고 교육이란 원재료를 가공하여 의미를 뽑아내는 하나의 공정입니다. 사실과 이론들을 누비이불처럼 뒤얽어 놓는 학교 제도의 관행과 집착은 의미를 추구하는 인간의 오랜 노력의 역사를 감춰 놓고 있습니다. 이 사실이 초등학교에서는 그리 두드러져 보이지 않습니다. '이것을 하자'는 것과 '저것을 하자'는 것 사이의 소박하고 단순한 관계 속에 무슨 의미가 있다고 그냥 생각해 버리기 때문에 학교

생활의 경험들이 그런 대로 뭔가 체계있는 의미를 가진 것처럼 보이는 것입니다. 그리고 학생들은 아직 그 연극과 꾸밈 뒤에 얼마나 빈약한 내용이 가려져 있는지 분명하게 인식할 단계에 와 있지 않기 때문입니다.

자연의 순리에 대해 생각해 보세요. 어린아이가 걷기나 말하기를 배우는 과정, 해뜨기에서 해지기까지 빛의 변화, 농부나 대장장이나 제화공이 대를 물려온 일하는 방법, 추수감사절 잔치 준비. 모든 부분이 다른 부분들과 완벽하게 조화를 이루며 하나하나의 행위가 그 자체로 의미를 가지고 과거와 미래를 모두 비춰 보여 줍니다. 학교의 원리는 이렇지 못합니다. 한 교실 안에서도 그렇지 못하고 하루의 일과표 속에서도 그렇지 못합니다. 학교의 원리는 미치광이 원리입니다. 어느 한 부분도 확고한 의미를 가지고 있지 못합니다. 세밀히 살펴보면 허점 없는 것이 없습니다. 학교나 교사의 독단을 비판할 수 있는 수단을 감히 가르치려는 교사는 거의 없습니다. 모든 것이 그대로 받아들여져야 하기 때문입니다. 학생들은 교과목들을 배웁니다. 하지만 그게 정말 배우는 것이라고 할 수 있을지. 카톨릭 신자들이 교리 문답을 배우듯, 성공회 신자들이 39조항을 외우듯, 그렇게 받아들일 따름입니다.

저는 학생들에게 모든 일과 모든 것들 사이의 연관성을 해체하도록 가르칩니다. 체계화의 정반대 방향으로 끝없이 세계를 조각내는 것입니다. 이것은 텔레비전 프로 편성에 가까운 일이지, 질서를 심고 키우는 일이 아닙니다. 우리는 가정이란 것이 이름밖에 남아 있지 않은 시대에 살고 있습니다. 맞벌이 때문이기도 하고, 이사를 너무 자주 하거나 직장을 너무 자주 바꾸기 때문이기도 하고, 지나친 야심 때문이기도 하고, 뭔가가 사람들을 너무 혼란스럽게 만들어서 가족 관계를 유지할 수 없게 만든 때문이기도 합니다. 이런 시대에 저는 학생들에게 혼란을 운명으로 받아들이도록 가르치고 있습니다. 그것이 제가 가르치는 첫째 내용입니다.

2. 교실에 갇히기

두 번째로 제가 가르치는 것은 학생들이 교실에 갇혀 있도록 하는 것입니다. 저는 학생들에게 너희들이 있을 곳은 교실 안이니 교실에서 나가지 말라고 가르칩니다. 그런 사실을 결정하는 것이 누군지는 모르지만 그건 제가 상관할 바가 아닙니다. 학생들에게는 번호가 매겨져 있어서 교실을 벗어나더라도 제자리에 쉽게 되돌려지도록 되어 있습니다. 지난 여러 해 동안 학교에서 아이들에게 번호 붙이는 여러 가지 방법이 너무 발달해서 이제는 그 숫자들의 중압으로 사람의 모습을 제대로 쳐다보기도 어려울 지경입니다. 그 사업의 진정한 목적이 무엇인지는 정확히 파악하기가 어렵지만, 아이들에게 번호 붙이는 일은 참으로 중요하고도 유익한 사업입니다. 아이들에게 이런 짓을 하는 것을 부모들이 항의 한번 안 하고 용납하는 까닭이 무엇인지 저는 알 수가 없습니다.

아무튼 그것도 제가 상관할 바가 아닙니다. 제가 할 일은 번호가 붙어 있는 어린이들이 함께 갇혀 있는 상태를 좋아하도록 만드는 것입니다. 좋아할 만큼은 아니더라도 별 말썽 없이 받아들이도록 만드는 것입니다. 제가 제 할 일을 잘하면 아이들은 자기들이 다른 곳에 설 수 있다는 상상도 하지 않게 됩니다. 더 우월한 반을 선망하고 두려워하도록, 더 열등한 반을 경멸하도록 제가 가르치기 때문이지요. 이 능률적인 제도가 잘 돌아가면 대부분의 아이들은 서로를 견제해 가며 행진의 보조를 잘 맞추게 됩니다. 대부분의 학교처럼 짜고 벌이는 경쟁판에서 정말로 가르치는 것은 바로 이것입니다. 저마다 자기 위치를 알고 받아들이게 하는 거지요.

학생들의 99퍼센트를 교실 안에 묶어 두는 것이 교실 체제의 전체 구도이지만 저는 아이들이 시험 성적을 올리도록 공공연히 격려하기도 합니다. 잘하기만 하면 더 우월한 반으로 올라갈 수도 있다는 미끼를 던져 가면서. 언젠가는 고용주들이 시험 성적과 등급을 근거로 신입 사원을 채용하는 날이 오지 않을까 하는 생각이 이따금씩 악몽처럼 저를 덮칩니다. 지금까지 경험으로는 대부분의 고용주들이 현명하게도 그런 데 신경을 쓰지 않고 있습니다. 제가 대놓고 거짓말을 하는 일은 없습니다. 그러나 학교 교육과 진실이란 근본에서 양립할 수 없는 것임을 알게 되었습니다. 그것은 이미 수천 년 전에 소크라테스가 갈파한 사실입니다. 번호 매긴 교실의 가르침이란 모든 학생이 피라미드 속의 돌덩이처럼 자기 자리를 가지고 있는 것이며, 숫자의 마술이 아니고는 그 자리에서 빠져나올 길이 없다는 것입니다. 그 한 가지 길 말고는 아무도 자기 자리를 벗어날 수 없습니다.

3. 무관심

세 번째로 제가 가르치는 것은 무관심입니다. 저는 아이들에게 어떤 것에 대해서도 지나친 관심을 가지지 않도록 가르칩니다. 아무리 아이들이 관심을 가지고 싶어하는 경우에도 마찬가지입니다. 이것을 가르치는 방법은 아주 교묘합니다. 어떻게 하느냐 하면 제 강의에 완전히 몰두하도록 하는 거지요. 자리에 똑바로 앉아서 온 마음을 기울여 경청하게 하고 제 눈에 들기 위해 서로 치열하게 경쟁하도록 시키는 겁니다. 학생들이 그렇게 움직여 줄 때는 마음이 흐뭇하죠. 누구라도 신명이 나지 않을 수 없습니다. 저도 그렇습니다. 강의를 아주 잘할 때, 저는 바로 이런 효과가 일어나도록 몹시 공들여 강의 계획을 짭니다. 하지만 종이 땡 울리기만 하면 지금까지 하던 일이 무엇이든 곧바로 손을 떼도록 요구합니다. 다음 시간에 할 일로 서둘러 넘어가기 위해서지요. 아이들은 전등불을 켰다 껐다 하듯 시키는 대로 움직여야 하는 겁니다. 제가 가르치는 교실에서든, 제가 아는 어느 교실에서든, 어떤 중요한 일도 제대로 끝나는 법이 없습니다. 학생들은 교과 진도표 위에서 말고는 완전한 경험이라는 것을 가지지 못합니다.

진정 종소리가 가르치는 것이란 어떤 일도 끝낼 만한 가치가 없다는 것입니다. 그러니 무엇에 지나치게 몰입할 필요가 어디 있습니까? 여러 해 동안 종소리에 길들여지고 나서도 중요한 일거리가 아무것도 없는 그런 세상에 맞춰지지 않는 학생이 있다면 그 학생은 성격이 웬만큼 강한 사람이 아닐 겁니다. 학교 시간을 지배하는 감춰진 원리가 바로 종소리입니다. 그 원리는 가차없는 원리입니다. 과거와 미래가 이 원리에 따라 파괴되며 이 원리는 같은 길이의 어떤 시간이든 서로 똑같은 것으로 만들어버립니다. 마치 지도의 추상화 원리가 서로 다른 산과 강들을 똑같은 것으로 만드는 것과 같습니다. 종소리는 학생들의 모든 노력을 무관심이 지배하도록 감염시키는 힘을 가졌습니다.

4. 정서적 의존성

네 번째로 제가 가르치는 것은 정서적 의존성입니다. 동그라미와 곱표, 미소와 찌푸림, 상과 벌, 표창 따위로 저는 아이들에게 자신의 의지를 버리고 미리 목표가 정해진 지휘 체계에 따르도록 가르칩니다. 모든 권리는 권위를 가진 사람이 주기도 하고 박탈하기도 하는 것이며 여기에는 이의를 제기할 틈이 없습니다. 권위를 가진 사람이 인정해 주지 않는 한, 학교 안에는 어떤 권리도 없기 때문입니다. 심지어 헌법에 명시된 자유로운 의사 표시의 권리조차 예외가 아닙니다. 저는 교사로서 여러 가지 개인 결정에 간섭하는 일이 있습니다. 제가 보기에 합당한 일에는 허가해 주기도 하고 제 통제력을 위협하는 행위에 대해서는 교정 조치를 하기도 합니다. 어린이들이나 십대 학생들에게는 끊임없이 개성을 드러내려는 성향이 있습니다. 따라서 저는 신속 정확하게 판단을 내려야만 합니다. 개성이란 학급 이론에 저촉되는 요인이며 모든 분류 체계에 암 같은 존재라 할 것입니다.

아이들의 개성이 밖으로 나타나는 흔한 예들을 들어보겠습니다. 수업 중에 볼일이 있다고 핑계를 대어 변소에서 혼자만의 시간을 갖는 일, 복도에서 목이 마르다는 핑계로 수돗가로 빠져 나가는 일. 저는 핑계라는 걸 알면서도 속아 줍니다. 그렇게 해야 아이들이 제 눈치를 보게 되기 때문이지요. 이따금은 제 관할을 벗어나는 일로 아이들이 분노하거나 실망하거나 기뻐할 때 아이들의 자유 의지가 제 앞에서 마구 터져 나오기도 합니다. 이런 일에 대해서는 교사가 아이들의 권리를 판별해 줄 수 없습니다. 오직 주었다 빼앗았다 할 수 있는 특혜를 빌미로 올바른 처신을 강요할 뿐입니다.

5. 지적 의존성

다섯 번째로 제가 가르치는 것은 지적 의존성입니다. 교사가 어떻게 하라고 시키기를 기다리는 학생들이 착한 학생들입니다. 자신보다 더 잘 훈련받은 다른 사람이 자기 인생의 의미를 결정해 주도록 기다리게 하는 것, 이것이 무엇보다도 중요한 가르침입니다. 모든 중요한 선택은 전문가에 의해 이루어져야만 합니다. 우리 아이들이 무엇을 공부할지 결정할 수 있는 것은 교사인 저뿐입니다. 아니, 제게 봉급을 주는 사람들이 그 결정을 내려주면 제가 실행에 옮기는 거죠. 생물의 진화가 하나의 이론이 아니라 사실이라고 가르치라는 지시를 받으면 저는 그대로 가르칩니다. 아이들이 이렇게 생각하도록 가르치라고 제가 지시받은 내용을 거부하는 아이들은 벌을 받습니다. 아이들이 생각할 내용을 통제할 수 있는 권력이 있기 때문에 잘하는 학생들과 못하는 학생들을 구분하는 일도 아주 쉽게 됩니다.

잘하는 학생들이란 이렇게 생각하라고 제가 시키는 방향을 별 저항 없이 잘 따르는 학생들입니다. 기분 좋을 만큼 열의를 보여 주기까지 하지요. 공부할 가치가 있는 수없이 많은 것들 가운데 우리가 가진 시간으로 무엇무엇을 공부할지를 제가 결정해 줍니다. 아니, 얼굴이 감춰진 제 고용주들이 결정해 줍니다. 그 사람들이 칼자루를 쥐고 있는데 제가 뭐하러 왈가왈부하고 나섭니까? 제 직업에는 호기심이란 것이 작용할 여지가 없습니다. 동화(同化)만이 중요한 것입니다.

못하는 학생들이란 물론 여기에 저항하는 학생들이죠. 자기들이 저항하는 대상이 무엇인지 이해할 개념을 가지고 있지 않으면서도 자기네가 무엇을 언제 공부할지 스스로 결정을 내리기 위해 애를 씁니다.

그런 녀석들을 그대로 놓아두고서야 어떻게 저희가 선생 노릇을 해먹을 수 있겠습니까? 다행스럽게도 저항하는 아이들의 의지를 꺾는 데는 효과가 확인된 방법들이 있습니다. 물론 극성스런 부모가 애들 편을 들 경우 일이 훨씬 어려울 수도 있지만 학교란 곳의 평판이 떨어지고 있는데도 그런 일은 갈수록 줄어들고 있습니다. 제가 지금까지 만나 본 중류층 학부모 가운데 자기네 아이들의 학교가 나쁜 학교라고 정말로 믿는 사람은 한 사람도 없었습니다. 26년 동안 교사 생활을 하면서 한 사람도 본 적이 없습니다. 참으로 놀라운 일입니다. 부모 자신이 학교를 제대로 다니면서 일곱 가지 가르침을 잘 받은 결과가 어떤 것인지를 생생하게 증언해 주는 것이라고밖에 생각할 수가 없습니다.

착한 사람들은 자기들이 뭘 어떻게 할지 전문가들의 지시를 받으려 합니다. 이 가르침의 토대 위에 우리 경제 체제 전체가 자리잡고 있다고 해도 지나친 말이 아닐 것입니다. 우리 아이들이 의존성을 갖도록 훈련받지 않는다면 무슨 꼴이 벌어질지 상상해 보십시오. 사회 사업이라는 것은 설 땅을 잃고 그것이 생겨나던 근세의 역사적 조건 속으로 사라져버리겠죠. 정신 장애자의 공급이 끊겨서 상담자들과 정신과 의사들은 공황에 빠지겠죠. 사람들이 제멋대로 노는 방법을 다시 익히면서 텔레비전을 비롯한 상업 오락과 흥행들은 말라죽어버리겠죠. 사람들이 음식을 만들기 위해 채소를 심고 거두고 요리하는 일을 얼굴도 모르는 사람들에게 맡기지 않고 스스로 하게 되면 식당과 패스트푸드점 같은 전문 음식 사업이 크게 위축되겠죠. 근대 법학과 의학, 공학의 많은 부분도 사라져버릴 겁니다. 의류 산업과 학교 산업도 마찬가지고요. 이 모두가 해마다 학교에서 쏟아져 나오는 의존성을 가진 사람들 덕분에 존재하고 번창할 수 있는 겁니다.

  학교 제도의 근본 개혁을 지지하는 투표를 하시기 전에 신중히 생각하셔야 합니다. 여러분의 월급 봉투에 어떤 변화가 올지 모르니까요. 스스로는 무얼 할지 모르기 때문에 남들이 시키는 일만 하는 사람들, 이 사람들을 바탕으로 하나의 생활 양식이 이루어져 있습니다. 제가 가르치는 가장 중요한 내용의 하나가 바로 이것입니다.

6. 조건부 자신감

  여섯 번째로 제가 가르치는 것은 조건부 자신감입니다. 어떤 일이 있어도 부모가 자기를 사랑해 줄 것이라는 믿음을 가진 아이들을 한 줄로 정렬시키는 일을 한번 해보십시오. 자신감에 찬 영혼들이 얼마나 격렬하게 동화를 배격하는지 알게 될 겁니다. 우리 세계는 자신감이 넘치는 사람들이 너무 많으면 버텨낼 수 없게 되어 있습니다. 때문에 저는 아이들의 자신감이 전문가의 의견에 얽매여야 한다고 가르칩니다. 제가 가르치는 아이들은 끊임없이 평가와 판별을 받습니다.

  달마다 번듯한 모습으로 모든 학생들의 가정을 찾아가는 통지표는 부모들에게 자기 아이에 대해 얼마만큼 만족을 느끼고 불만을 느껴야 할지 퍼센트 단위까지 정확하게 알려 줍니다. '좋은' 학교 분위기의 생태 원리는 상업 경쟁과 마찬가지로 언제나 불만을 갖도록 하는 데 있습니다. 수치로 나타낸 성적을 작성하는 데 얼마나 적은 시간과 생각이 들어가는지 알면 놀랄 분들도 계시겠지만, 객관적인 것처럼 보이는 이 통지표들이 쌓이고 쌓인 무게 아래 아이들은 성의없는 누군가의 판단에 따라 자기에 대해, 또 자기 미래에 대해 결정을 내리게 되는 것입니다. 지구상에 나타난 모든 주요한 철학 체계의 밑바탕이 되었던 자기 평가라는 개념은 전혀 설 땅을 갖지 못하고 있습니다. 시험과 성적, 통지표의 가르침이란 아이들이 자기 자신이나 부모를 믿기보다는 자격증을 가진 권위자들의 평가에 따라야 한다는 것입니다. 자신의 가치가 어떤 것인지도 남이 가르쳐 주어야만 하는 것입니다.

7. 숨을 곳은 없다

일곱 번째로 제가 가르치는 것은 숨을 곳은 아무 데도 없다는 것입니다. 저는 학생들에게 너희들은 늘 감시받고 있다, 나와 내 동료들이 끊임없이 너희들 행동 하나하나를 살피고 있다고 가르칩니다. 아이들은 자기만의 공간도, 자기만의 시간도 가지고 있지 못합니다. 수업 사이의 휴식은 정확히 300초로 제한해서 뜻하지 않은 동료애가 생겨날 여지를 최소한으로 줄입니다. 학생들 서로간에 일러바치는 일, 심지어는 자기 부모의 일을 일러바치는 것까지 장려됩니다. 물론 저는 부모들에게도 자기 아이들의 문제점을 보고하도록 권유합니다. 집안에서 서로 고자질하도록 훈련된 사람들은 사회에 대해서도 위험한 비밀을 간직할 위험이 별로 없겠죠.

저는 숙제라는 이름으로 학교 공부가 집안에까지 연장되도록 시킵니다. 감시 자체는 연장되지 못해도 감시의 효과는 연장되는 셈입니다. 아이들에게 남는 시간이 있으면 자기 부모에게서든, 길거리에 다니면서든, 동네에 사는 현명한 할아버지에게서든, 학교에서 인정할 수 없는 내용을 배울 위험이 있습니다. '못난 사람이 한가로이 있으면 착하지 못한 생각을 하게 된다'는 말과 같이 학교 제도의 이념에 반역

하는 마음은 한가한 아이들에게 언제나 찾아올 수 있는 마귀입니다.

끊임없는 감시와 개인 영역의 박탈은, 아무도 믿을 사람이 없으며 혼자만 있는 것은 옳지 않다고 아이들에게 가르쳐 줍니다. 감시란 유서 깊은 제도로서 영향력 있는 여러 사상가들이 신봉해 온 것입니다. 이것은 《공화국》《천로역정》의 '천국편'《기독교의 제도들》《뉴 아틀란티스》《리바이어던》을 비롯한 많은 책에 중심 처방으로 나오고 있습니다. 아이가 없었던 이 책의 필자들은 모두 같은 사실을 알아냈습니다. 사회를 확고한 중앙 통제 아래 잡아놓으려면 아이들을 빈틈없이 감시해야 된다는 것이었습니다. 아이들에게 제복을 입혀 악대 속에 묶어놓지 않으면 떠돌이 피리쟁이를 따라가 버릴것입니다.

*   *   *

학교 교육의 일곱 가지 내용을 다시 한번 되짚어 보십시오. 혼란, 교실에 갇히기, 무관심, 정서적 의존성, 지적 의존성, 조건부 자신감, 숨을 곳은 없다는 사실. 이 모든 것은 언제까지고 예속된 계급을 위한 가장 중요한 가르침들입니다. 자신이 원래 무엇을 타고났는지 알아낼 길을 영원히 잃어버린 사람들에게는 말입니다. 그런데 시간이 흐름에 따라 이 훈련 제도는 피지배층을 통제한다는 원래의 목표에서 벗어나게 됩니다. 1920년대 이래 학교 관료주의의 발전, 그리고 그보다 눈에 덜 띄는 것이기는 하지만 지금 같은 학교 제도에서 혜택을 얻는 온갖 산업 분야의 발전으로 확대된 이 제도의 힘은 중산층 자녀들까지도 장악하게 된 것입니다.

가르침의 대가로 돈을 받았다는 비난에 소크라테스가 격노한 것이 이상한 일로 보입니까? 벌써 그때부터 철학자들은 교육의 직업화가 가져올 폐단을 통찰했던 것입니다. 건강한 사회에서라면 모든 사람이 가지고 발휘할 교육의 기능을 봉쇄하는 것이 바로 교육의 직업화입니다.

제가 가르치는 것과 같은 내용들을 날이면 날마다 학생들에게 가르치고도 국가의 위기를 맞지 않는다면 이상한 일일 것입니다. 그러나 이 위기의 성격은 언론 매체에서 선전하는 것과 전혀 다릅니다. 젊은 이들은 어른들의 세계나 미래에 대해서 관심을 잃고 있습니다. 가지가지 오락과 폭력 말고는 관심을 갖는 대상이 거의 없습니다. 잘살건 못살건 21세기의 주역이 될 어린이들은 어떤 일에든 오랫동안 집중할 능력이 없습니다. 지나간 시간과 다가올 시간에 대한 감각이 빈약합니다. 결손 가정 아이처럼 친근한 관계에 편안해하지 못합니다. 실상 아이들이 부모의 관심을 제대로 받지 못하게 해온 사실을 생각하면 모두가 결손 가정의 아이들인 셈입니다. 아이들은 혼자 있는 것을 싫어하고 잔인합니다. 물질주의적이고 의존적이며 수동적입니다. 난폭하면서도 예상치 못한 일 앞에서는 겁쟁이며, 의미 없는 일에 몰두합니다.

어릴 적의 갖가지 버릇들은 학교 교육을 통해 조장되고 확대되어 추악한 모습으로 자라납니다. 학교는 감춰진 교과 과정으로 올바른 인간성의 성장을 가로막기 때문입니다. 사실입니다. 아이들의 공포심과 이기심, 미숙함을 이용하지 않고는 우리의 학교가 살아남을 수 없습니다. 저도 자격증을 가진 교사로서 자리를 지킬 수 없을 겁니다. 감히 일반 학교에서 비판적 사고의 도구가 되는 변증법이라든가 발견법처럼 자유로운 정신의 소유자들이 쓰는 무기를 아이들 손에 쥐어 주었다가는 오래 안 가서 풍비박산이 날 겁니다. 교회가 그랬던 것처럼 학교도 그 가르침이 신앙으로 받아들여져야만 유지될 수 있는 겁니다.

자, 이제 제도가 된 학교 교육이 어린이들에게 얼마나 파괴적인 영향을 끼치는지 바로 보도록 합시다. 일곱 가지 내용의 교과 과정, 그 해독을 피할 수 있는 사람은 아무도 없습니다. 가르치는 사람도 마찬가지입니다. 그 방법론은 근본적으로 지독하게 반교육적인 것입니다. 서투른 땜질로 고칠 수 있는 것이 아닙니다. 이것은 인류가 겪는 가장 어처구니없는 모순의 하나라 할 것입니다. 학교 제도를 전면적으로 재고할 경우 그 비용이 지금 우리가 쓰고 있는 것보다 너무나 적어질 것이기 때문에 이해 관계가 얽힌 세력들이 그런 일이 벌어지도록 놓아두지를 못하는 것입니다.

저는 솔직히 말해서 취로 사업 대상자인 셈입니다. 오늘날 우리 교육 사업은 수의계약업자들의 힘으로 지탱됩니다. 사업 규모를 줄이거나 제품을 다양하게 만들어 비용을 줄인다는 것은 생각할 수도 없는 일입니다. 그렇게 해서 아이들의 성장에 더 큰 도움을 줄 수 있다고 해도 말입니다. 이것이 제도 학교 교육의 철칙입니다. 일반 회계 원칙이나 합리적인 경쟁 원리가 통하지 않는 사업이 이것입니다.

공교육에 어떻게든 자유시장 원리를 도입하는 것이 해결의 길을 찾는 가장 그럴싸한 방향일 것 같습니다. 문중(門中) 학교들, 규모가 작은 기업 같은 학교들, 종교계 학교들, 기술 학교들, 농업 학교들이 다양하게 있어서 정부 교육과 경쟁하는 자유시장을 생각해 보십시오. 제가 그리는 학교 교육의 자유시장이란, 남북전쟁 전의 미국 상황과 같은 것입니다. 자기에게 맞다고 생각하는 교육의 종류를 학생들이 선택

하는 겁니다. 독학도 선택의 한 갈래가 될 수 있겠죠. 벤자민 프랭클린이 독학 때문에 손해를 본 일은 없었던 것 같습니다. 그런 선택의 길들이 지금도 아주 없는 것은 아닙니다. 힘차고 활기찼던 지난 시대의 흔적이라고나 할까요? 그러나 그런 길을 지금 누리기 위해서는 아주 좋은 배경이나 뛰어난 용기, 기막힌 행운이나 엄청난 재산이 필요합니다. 가난한 계층의 힘없는 사람들, 도시 근교 중산층의 갈팡질팡하는 사람들에게 이처럼 더 나은 교육의 길이 거의 완벽하게 닫혀 있다는 사실은 우리에게 경고를 주고 있습니다. 정부 독점 교육 제도의 이 난장판을 뒤엎기 위해 우리가 뭔가 용감하고 결정적인 행동을 하지 않는다면 일곱 가지 가르침의 재앙은 더욱 확대될 것이라고.

어른이 되어 반평생을 학교 교육에 바쳐온 저는 믿습니다. 대량 교육의 진정한 알맹이란 그것뿐이라고. 좋은 교과 과정이나 시설, 그리고 좋은 교사진이 여러분 자녀들의 교육의 질을 결정하는 중요한 요소들이라는 말에 속지 마십시오. 지금까지 검토해 온 학교 교육의 병리 현상들은 대부분 학교가 학생들을 가로막고 붙잡아 두기 때문에 생기는 것들입니다. 자기 자신이나 가족들과 마주치는 가운데 생겨나는 자발성이나 인내심, 용기, 자존심, 사랑, 그리고 타인에 대한 봉사 정신같이 가정 생활과 지역 사회에서 배워야 할 소중한 가르침을 얻지 못하게 합니다.

30년 전만 해도 아이들은 학교 문을 나서면 이런 것들을 배울 시간이 있었습니다. 그러나 이제는 텔레비전이 그 시간을 거의 다 먹어치웠고, 맞벌이 가정이나 이혼한 가정의 긴장감이 가정 시간이라는 것을 삭막하게 만들어버렸습니다. 우리 아이들은 완전한 인간으로 자라나기에 시간으로 보나 공간으로 보나 너무 열악한 환경에 놓여 있습니다.

　이제 우리 문화 위에 덮쳐오고 있는 미래는 우리 모두에게 비물질적인 경험의 지혜를 익히도록 강요할 것입니다. 그 미래는 우리에게 생존을 위한 대가로서 물질의 사용을 극소화하는 자연의 길을 따라 살 것을 요구할 것입니다. 지금 이대로의 학교에서는 그런 공부가 가르쳐질 수가 없습니다. 12년 징역과도 같은 학교 제도, 거기서 진정으로 가르쳐 주는 것은 나쁜 생활 태도뿐입니다. 학교 선생 노릇을 잘했다고 상을 타먹는 제가 드리는 말씀입니다. 제 말을 믿으세요.

교육인가 장사인가

최 성 수

썩어사리

    지난 여름 초등학교 일 학년인 아들녀석과 고향을 찾은 적이 있었다. 아들녀석은 늘 제 아비가 잘 놀아주지도 않고 얼굴 보기도 힘들 정도로 바쁘게 돌아다니는 것이 못마땅한 기색이었다. 그러나 모처럼 방학을 맞아 함께 시골을 가게 되자 뛸 듯이 기뻐했다.

    고향을 지키며 농사를 짓는 사촌동생과 개울에 가 첨벙대며 뛰노는 아들녀석의 얼굴은 더없이 맑았다. 아이의 머리 위로 드리운 싱그런 하늘빛깔처럼. 고향은 여전히 따스했다. 어릴 때 다니던 초등학교는 판자를 곁대어 만들었던 벽이 시멘트로 바뀌었을 뿐, 창 낮은 교실들이 이웃해 있었고, 소나무 숲을 지나 운동장 가득 옛날처럼 쨍쨍한 햇

최성수 — 해직교사 시절 전교조 서울지부에 근무할 때 썼던 이 글은 《녹색평론》 8호에 실렸던 것이다. 지금은 서울 성일 중학교에서 다시 아이들을 만나고 있다.

살이 빛나고 있었다. 아직 포장되지 않은 학교까지의 십리 길도 그대로였다.

　나는 이 길에서 세상을 살아가는 자세를 배웠다. 그 길은 단순히 학교를 향한 길이 아니라 세상을 향해 열려 있는 길이었다. 일찍 아침을 먹은 마을 아이들이 모두 모여 필통소리 달그락거리는 책보를 메고 때로는 달리고 때로는 쉬엄쉬엄 걸어가는 그 길은 우리 아이들에게 공동의 배움터였다.

　봄이면 길 옆 양지바른 산등성이에 올라가 참꽃을 꺾어먹기도 했다. 길가 남의 밭에 들어가 흙묻은 무를 쑥 뽑아도 나무랄 사람이 없었고, 빈 도시락 가득 버섯을 따오는 날도 있었다. 가을이면 코스모스 꽃잎을 따 친구들 등짝에 새겨주기도 하면서 우리는 삶을 배웠다.

　그 길에서는 죽어 있던 마을의 모든 일들이 살아났다. 누구네 집 강아지가 새끼 몇 마리를 낳았고, 누구네 할아버지는 어디가 병이 났는데 무슨 약초를 캐다먹고 나았다는 얘기도 아이들 입을 통해 퍼져 나갔다. 누나들은 어제 학교에서 배운 노래를 가르쳐주기도 했고, 시장통 아이들과 기마전이나 오징어 땅따먹기를 할 때 어떻게 작전을 짜야 이길 것인가 머리를 맞대기도 했다. 먹는 버섯과 먹으면 안되는 버섯을 구별하는 요령도 그 길에서 배웠고, 미루나무 위에 집을 지은 까치가 얼마 만에 새끼를 까는지도 그 길을 함께 걷던 마을 형들에게서 배웠다.

　그 모든 것들은 결국 세상을 살아가는 자세에 대한 가르침이었다. 자기 혼자서 문제를 해결하는 것이 아니라 함께 생각하고 풀어보려는 자세, 그것이 바로 학교 가는 십리 길에서 내가 배운 가장 중요한 공부였다. 먼저 안 사람은 모르는 사람에게 가르쳐 줄 줄 알고, 성적의 우열로 사람의 가치가 매겨지는 것이 아니라 누구나 하나씩 가지고 있는 그 사람의 재능을 가장 높게 쳐줄 줄 아는 사회, 그래서 그 길을 걷는 사람들은 모두 뽐낼 수 있는 구석을 하나씩은 간직하고 있는 작은 사회가 바로 우리들의 등교 길이었다.

오랜 세월이 흐른 뒤에 나는 그 교훈이 공동체의식이란 것을 깨달았다. 오늘 우리의 교육이 잘못되었다면 그 가장 중요한 원인 가운데 하나는 공동체의식을 개인주의로 환원시켰다는 데 있다. 이제 어느 학교에서도 함께 문제를 해결하는 방법을 가르쳐주지 않는다. 그저 어떻게 하면 남보다 더 배워서 남을 딛고 일어설 수 있을까만 생각하면 된다. 경쟁과 자기 중심의 생각들이 알게 모르게 가득 차 있는 곳이 오늘 우리의 교육현장이다.

잠시 그런 생각에 잠겨 있던 내게 아들녀석의 환호성이 들려왔다. 쫄대에 버들치 몇 마리라도 들었나보다. 눈길을 돌리자 동생이 쫄대에서 고기를 건져내 도로 물에 내버리는 게 아닌가. 의아한 눈길로 바라보자 동생은 씨익 웃으며 한마디 던진다.

"썩어사리예요."

"그래도 고긴데…"

아들녀석은 아쉬운 듯 이미 고기가 헤엄쳐 사라진 시냇물을 바라본다.

"썩어사린 잡히기 사흘 전부터 썩는다는 말이 있어요."

동생의 말을 들으며 나는 문득 내가 발딛고 있던 교육현장을 생각했다. 썩어사리라는 물고기 이름 때문일까? 나 자신이 교육이라는 물에서 떠나 썩어가고 있는 것은 아닐까 하는 생각도 들었다. 그리고 이제는 쫓겨난, 그러나 젊은 날의 가장 중요한 한때를 보냈던 교단과 나른한 점심식사후의 교무실 창가와, 아이들의 환한 웃음과 분필가루로 뒤범벅이 된 손가락을 떠올렸다. 그러나 문득 내려다본 손가락에는 개울에서 주워든 돌멩이만 들려 있을 뿐이었다. 고개를 돌리니 내가 어린 날 걸었던 그 신작로 위로 책가방을 털렁이며 집으로 돌아가는 아이들의 모습이 흐릿하게 어리고 있었다. 나는 새삼 교직 초기의 앙상한 교무실 풍경을 떠올렸다.

어둡고 지친 학교 안에서

교무회의가 시작된다. 지시와 전달로 이어지는 교무회의는 언제나 똑같이 침울하고 어둡다. 아무도 의견을 말하지 않는다…. 교무회의를 시작하겠습니다. 교무부에서 말씀드립니다. 학급일지는 반드시 결재를 받으십시오. 장학지도가 나올 예정입니다. 밀린 지도안을 다 채워 결재를 받으시고…. 지도부에서는 월요일과 화요일에 두발 복장 검사를 하겠습니다. 교도부에서는…. 각 부서별로 지시사항이 전달된다. 그리고는 교감선생님의 정리. 때에 따라 교장선생님의 훈계로 이어지는 교무회의.

창 밖을 보니 막 봉오리가 피어오르기 시작한 목련이 아직 남아 있는 추위에 떨고 있다. 그러나 떨고 있는 것이 어디 목련 봉오리뿐이랴.

교직 초기 몇 년간을 나는 교무회의 시간마다 떨어야 했다. 아이들에게 등록금 독촉을 지시받은 직원회의 끝머리, '고등학교는 의무교육이 아니다. 그러니 돈을 안 낸 학생은 학교에 다닐 수 없다. 우리처럼 등록금 납부에 관대한 학교도 없다. 며칠까지 등록금을 내지 않으면 교칙대로 처리할 수밖에 없다…' 그런 교감선생님의 말을 귓전으로 흘리며 나는 교무실 칠판에 써 놓은 반별 등록금 납부자 숫자에 눈길을 돌린다. 전원이 다 납부한 반의 '完' 자가 유난히 눈에 띈다. 그러나 우리 반은 겨우 두 자리 숫자를 넘어설 뿐이다. 우리 학교의 등록금 납부 기일은 실제 분기보다 두어 달이나 빠른 것 아닙니까? 그러나 나는 목구멍까지 올라오는 이 말을 되삼키느라 심호흡을 하고 만다.

교무회의는 회의가 아니라 지시하고 전달받는 자리일 뿐이다. 진정으로 교육을 위해 교사들이 모여 논의하고 결정하는 자리는 결코 아니다. 함부로 일어나 발언할 수 없는 자리. 그런 교무회의 분위기는 학교의 모든 행정에 그대로 이어진다. 학급담임 배정에도 그렇다. 봄방학 바로 전에 간부교사들이 모여 회의를 연다. 그 자리에서 어느 선생은 몇 학년 담임, 어느 선생은 몇 학년 담임으로 결정된다. 본인 의사와는 관계가 없다. 올해는 일 학년 담임을 했으니 다음에는 이 학년 담임을 했으면 하는 바람도 그냥 바람일 뿐이다. 새로운 학년주임이 결정되고, 그 학년주임이 데리고 있기(?) 편한 선생들이 그 학년의 담임으로 결정된다. 그리고 결정된 담임의 명단은 교장의 결재를 얻는다. 결재 과정에서 마음대로 어느 교사의 학년이 바뀌기도 한다. 그렇게 해서 결정된 담임 명단은 봄방학 바로 전 교무회의 시간에 정부 각료 명단을 발표하듯 엄숙하게 발표된다. 물론 간부 교사 명단을 포함해서다. 그리고 아무도 그렇게 이루어진 담임 배정에 대해 이의를 달지 않는다. 다만 뒷자리에서 수군거릴 뿐이다. 학교의 마음에 들지 않는 교사는 부임한 지 삼사 년이 되어도 담임을 맡지 못하는 경우도 있다. 전교조가 결성되고, 교사들의 입지가 미약하나마 옛날보다 강화된 요즘은 이러한 방식도 많이 바뀌었다고 한다. 그러나 그 방법이 좀 더 그럴듯한 명분(예를 들면 형식적으로 구성된 인사위원회에서 담임 배정을 하지만 실제로는 인사위원회 구성에 평교사가 직접 참여하여 일반 교사들의 의견을 반영하는 학교는 몇 안 된다)을 갖추었을 뿐, 문제점은 여전히 남아 있다. 교과회의나 담임회의도 형식뿐이기 일쑤다. 담임회의는 그 학년의 교육 운영을 위해서가 아니라 기능적 필요에 따라 소집되고 운영된다.

이러한 분위기에서는 평교사의 교무회의 발언은 지레 주눅들기 십상이다. 한때 벌떡교사란 말이 유행한 적이 있다. 젊은 여선생이 직원회의 시간이면 자주 발언을 했다고 한다. 어느 직원회의 날에 그 여교사가 학교의 잘못된 일에 대해 발언을 신청하고 조목조목 부당함을 제기하자 갑자기 교감선생님이 일어나 소리를 쳤다.

"젊은 여자가 어디라고 벌떡벌떡 일어나 야단이야, 야단이. 앉아욧!"

그 뒤로 발언을 한 여선생의 별명이 벌떡교사가 되었다는 얘기다. 학생들이 담임의 의사보다는 학교 행정가의 눈치를 살펴야 하는 학교의 분위기, 교무회의 시간에 한번 발언을 하기 위해서는 전날 밤부터 가슴을 졸여야 하는 학교 분위기는 늘 겨울이다. 쨍쨍한 한낮에도 침울한 어둠이 암울하게 드리운 학교가 선생님들이 신명나게 가르치는 터전이 되기 위해서는, 맨 먼저 해결해야 할 것이 교무회의를 의결기구로 만드는 것임은 두말할 필요도 없다. 함께 모여 머리를 맞대고 교

우리는 무엇을 배웠는가

육에 대해 논의하고 결정하는 교사들의 회의체가 교무회의이기 때문이다. 늘 교장이나 교감의 질책과 지시 속에서 시작된 하루는 그대로 아이들의 학교생활에 확대되어 나타날 수밖에 없다.

아이들을 죽이는 교육

학교의 암울한 분위기와 지시일변도의 행정이 교사들에게 가해지는 무언의 족쇄라면, 아이들에게 가해지는 굴레는 성적이다. 뿐만 아니라 성적은 교사들까지 옭아맨다.

입시를 앞둔 고등학교 삼 학년 교실에서는 요즘 점심시간마다 진기한 풍경이 벌어진다고 한다. 육십 명 가까운 아이들 거의 모두가 비닐봉지에 담긴 한약을 꺼내 빨대로 쪽쪽 빨고 있다는 것이다. 상상해 보면 참으로 끔찍한 일이다. 머리를 깎지 않고, 빗질도 하지 않은 뒤숭숭한 모습으로 한약을 빨고 있는 젊은 청춘들을 생각해보라.

새벽에 집을 나서 도시락 두 개를 싸짊어지고 등교한 아이들이 아침 자율학습, 보충수업(이 수업을 아이들은 0교시라고 한다), 정규수업 6~7교시, 방과후의 보충수업, 그리고 자율학습까지 마치면 한밤중이다. 그 시간에 다시 독서실로 발길을 옮기는 이 땅의 젊은이들에게 내일이란 과연 무엇일까?

어느 학교에서는 학생이 시험지 도둑질까지 했다고 한다. 내신 성적을 잘 받기 위해 캄캄한 밤중, 교무실 문을 따고 들어간 그 학생의 마음은 어땠을까? 옆자리의 친구를 경쟁자로 보아야 하는 것이 오늘 우리 교육이 가지는 심각한 모순이다. 친구에게 필기 공책을 빌리려다 거절당한 학생은 과연 무엇을 생각할 것인가?

전교 석차가 일목요연하게 프린트되어 모든 아이들에게 나누어지고, 주말고사에 중간고사, 기말고사, 학력경시대회… 끝나기가 무섭게 다시 시작되는 시험의 연속에 지친 아이들은 정신질환을 앓는 경우도 많다.

시험을 앞둔 교무회의에서는 작년에 냈던 문제와 다른 문제를 출제해 달라는 당부가 단골로 등장한다. 그러나 어디 작년에 냈던 문제라고 해서 중요한 것을 빼놓고 출제할 수 있겠는가? 문제의 틀을 조금 바꾸더라도 작년에 낸 문제와 비슷할 수밖에 없다. 대학 입시에 내신 성적을 반영하기 시작하고부터, 아이들은 선배에게서 작년 문제지를 구하느라 야단이다. 심한 경우에는 학교 앞 문방구에서 작년 문제지를 복사해 팔기도 한다. 실제로 내가 있던 학교에서는 어느 담임이 전년도 문제지를 모두 모아두었다가 자기반 아이들에게 복사해 나누어 준 적도 있다.

학교 도서실도 성적순으로 입실 자격이 주어지는 자율학습실로 바뀐 지 오래이고, 보충수업은 성적에 따라 우열반을 편성하고, 입시가 가까워지면 성적 우수자들만 모아 특강을 실시하기도 한다.

교사는 교사대로 성적 때문에 전전긍긍한다. 자기가 담당한 교과가 모의고사 전국 평균에 밑돌 경우 떨어지는 질책도 질책이려니와 이웃 학교와의 비교, 시험 결과가 나오자마자 교무회의에서 공개되는 성적 비교표가 왠지 마음을 옥죄기 때문이다. 우수한 성적을 올린 학급에는 담임 이름이 버젓이 박힌 상장을 주기도 한다. 조금만 넓게 생각하면 별것 아닌 이런 결과들은 교사와 학생 모두에게 경쟁과 이기심을 조장한다. 뿐만 아니라 그 경쟁심은 아이들의 가족에게도 그대로 전달된다. 누구의 성적은 어떤데 너는 이 모양이라느니 하며 비교하게 되고, 아이는 더욱 과외다 학원이다 해서 옴짝달싹도 할 수 없게 된다.

아파트에 사는 여고생이 있었다. 야간 자율학습을 마치고 집으로 돌아오면서 엘리베이터를 타면 칠 층쯤에서 꼭 누군가가 눈을 빛내며 자신을 노려보는 느낌이 들곤 했다. 날마다 그런 느낌이 들어 무서운 나머지 여고생은 어느 날 어머니에게 그 사실을 말했다. 어머니는 걱정 말라고, 내일부터는 내가 마중을 나가겠노라고 했다. 다음날 마중 나온 어머니와 엘리베이터를 탄 여고생이 칠 층을 지나게 되었다. 이번에는 자신을 들여다보는 눈빛을 느낄 수가 없었다. 여고생이 안심을 하고 있을 때 옆에 있던 어머니가 여고생에게 말했다. "얘야, 내가 네 엄마 같니?"

어느 잡지에도 실렸던 이 이야기는 실제 여고생들 사이에 널리 퍼져 있다고 한다. 성적에 시달릴 대로 시달린 아이에게는 어머니까지 따스한 안식처가 아니라 경쟁을 부추기는 무서운 사람으로 느껴진다.

삶의 지혜를 배우는 것이 아니라 경쟁과 이기심을 배우는 것이 오늘날 성적 중심의 풍토가 빚어낸 파행 교육의 결과다. 성적과 관련 없는 아이들의 자치행사는 최대한 억제된다. 학생회가 직선제인 학교는 전체의 절반 남짓일 뿐이다. 또 직선제라 하더라도 학교측의 끊임없는 감시와 통제가 뒤따른다. 풍물반을 만들려다 혼찌검이 나고, 동아리 연합회를 구성하려다 징계를 당하기도 한다. 학생회가 주체인 행사는 학생지도부에 의해 축소되어 앙상한 골격만 남은 채 치러진다. 그러면서도 유행가 가수를 불러 축제를 치르는 것은 눈감아준다. 제나라 문화와 전통을 찾고, 제가 살아가는 땅의 역사와 삶을 올바로 이해하기 위한 행사는 의식화 행위로 처벌받는다. 학생회가 스스로 준비하던 축제를 금지시킨 학교의 부당성을 항의하는 글을 써 붙였다가 징계를 당한 아이들도 있다.

가능하면 혼자 살아가기를 강요하는 것이 오늘의 교육이다. 자기만을 위해서. 나만 잘되기 위해서 남은 들러리면 된다는 생각을 아이들은 은연중에 교육받는다. 이런 교육을 받는 아이들이 자기 중심적이고 개인주의적인 것은 어쩌면 당연하지 않을까? 배워서 자신만을 위해 쓰는 사람이 많아진다면 우리 사회의 미래는 불을 보듯 뻔하다. '배워서 남주자' 란 말이 있다. 배워서 자신만을 위해 쓰는 것이 아니라 남과 나누어 가질 수 있을 때, 우리가 사는 이 땅이 풍요로울 수 있을 것이다.

교육인가 장사인가

부임 초기 어느 해이던가. 가을이 깊어가던 어느 날 갑자기 소집된 학년회의에서 학년주임은 한참을 망설이더니 연료비 문제를 꺼냈다. 학교가 재정 형편상 겨울 연료비를 지출할 수 없는 형편이다. 그러니 학급당 얼마씩 겨울 연료비를 걷어내야 되겠다. 재력있는 학부모 두세 분께 부탁하여 연료비를 찬조금으로 걷어내라. 학교의 부탁이니 이 직장에서 밥 얻어먹고 사는 우리가 해야 하지 않겠나. 대강 그런 얘기였다. 연료비는 학교 재정에 포함되어 있을 테고, 재정이 어려우면 시교위의 보조를 받게 되니 굳이 연료비까지 걷어내야 할 필요가 있을까 하는 의문이 들었다. 그런데 연료비를 직접 걷는 것이 문제가 되자 다음해부터는 겨울방학 보충수업비에 포함시켜 걷기도 했다. 실제 대부분의 사립학교는 시교위의 보조를 받고 있다. 보조를 받지만 워낙 재정이 어려워 그렇게 해서라도 학교 운영비를 염출해 써야겠다는 것이 학교측의 논리였다.

　교사에게 가장 큰 부담중의 하나는 학부모에게 손을 벌려야 하는 일이다. 연료비 같은 경우야 특별한 예외라고 할 수 있지만, 대부분의 사립학교와 많은 공립학교에서 버젓이 시행되고 있는 육성회 찬조금은 이제 거의 공식화되다시피 했다. 학기초면 새로 맡을 아이들의 학생카드를 보면서 한숨을 내쉬는 담임들이 많다. 부모의 직업을 찬찬히 살펴가며 올해는 어느 아이의 부모를 육성회에 가입시킬까 고민하기 때문이다. 적게는 학급당 몇십만원에서 많게는 몇백만원까지 걷어내야 하는 교사는 교육자라기보다 징수원이라는 자조적인 농담이 오가곤 한다. 학부모를 오시게 하고, 구구하게 학교 사정을 얘기하면서 육성회비라는 명목으로 얼마를 찬조해 주십사는 얘기를 하는 교사들의 얼굴은 화끈거리고 몸둘 데가 없기 마련이다. 육성회 찬조금 걷어내기를 거부하다 다음해 담임을 맡지 못한 경우도 제법 있을 정도다.

　가만히 따져보면 대부분의 학교, 특히 사립학교의 경우 돈과 관련된 온갖 부조리가 셀 수 없을 정도다. 보충수업비 징수와 육성회 찬조금이라는 명목(어느 학교에서는 자율 학습비로, 다른 학교에서는 특별한 보충수업비로 둔갑하기도 하지만)으로 징수되는 돈을 비롯하여 때마다 걷어내야 하는 무슨무슨 성금에, 심지어는 주었다 도로 뺏는 가짜 장학금도 있을 정도다. 이름만 있고 얼굴은 없는 가짜교사도 있다. 연합고사에 떨어진 학생들을 뒷문으로 받아 퇴학당한 아이의 자리에 밀어넣는 경우도 있다. 물론 돈거래가 없을 수 없다. 선생들은 이런 아이들을 금송아지라는 은어로 부른다.

어느 선배가 겪은 일이다. 대학을 마치고 이름난 사립학교 교사 자리가 비어 있다는 말에 다방에서 학교 관계자를 만나게 되었다. 여러 가지 선배의 신상을 물어보던 관계자는 이제 정식 교사로 채용을 할 테니 그렇게 알라고 하며 조건 하나를 내세웠다. 처음 우리 학교에 부임하니 기념으로 나무 한 그루라도 심는 것이 어떠냐는 제안이었다. 자기가 평생 근무하게 될 학교 정원에 기념으로 나무 한 그루 심는 거야 얼마나 좋은 일이냐 싶어 선배는 그러마고 했다. 선배의 대답에 학교 관계자는 환하게 웃으며 큰 거 한 장이 힘들면 작은 거 몇 장이라도 괜찮다며 돈의 액수를 밝혔는데, 놀란 선배가 뒤도 돌아보지 않고 다방을 뛰쳐나왔음은 물론이다.

교복 문제 또한 빼놓을 수 없다. 어느 날 갑자기 교복을 입히는 학교가 늘어나기 시작했다. 겉으로 내세운 명분이야 그럴듯했다. 사복을 입히니 학생들 통제가 안되고, 청소년 범죄가 늘어난다. 오래된 사립학교에서는 학교의 전통을 이어받기 위해 교복을 입혀야 한다고 주장했다. 그리고 교복 입히기를 권장한다는 얘기가 시교위에서 나오기도 했다. 그러나 결정권은 전적으로 해당 학교에 있다는 발뺌도 잊지는 않았다. 이제 절반이 넘는 학교에서 교복을 입히고 있다. 교복 자율화가 되자 개성이 어떻고 청소년의 발랄한 모습이 어떻고 하며 목소리를 높이던 언론에서도 산뜻한 모습의 교복이니 뭐니 하며 교복 찬양을 예사로 늘어놓는다. 그러나 교복사와 학교 사이에 벌어지는 거래(실제 이 문제에 항의하다 쫓겨난 교사도 있다)는 아무도 말하지 않는다. 뿐만 아니라 교복 부활이 진정으로 교육의 필요에 따라 이루어진 것인지, 정말 청소년 범죄 증가와 교복이 관련이 있는지도 알려지지 않는다. 더 근본적으로는 교복 부활이 우리나라 섬유산업의 침체와 관련 있다는 말도 하지 않는다. 노동 집약적인 섬유산업이 생산비의 증가로 수출이 되지 않자 내수시장인 학생층에 눈을 돌린 결과가 교복부활로 나타난 것인데도 말이다.

우리 나라 사립학교는 대부분 미군정기에 세워졌다고 한다. 일제시대 때 민족교육이라는 깃발을 들고 세운 학교들은 예외라고 하더라도 (실제 일제시대에 세워진 학교 가운데 많은 수는 민족교육이라는 이름을 내걸었지만, 황국신민교육을 충실히 수행하기도 했다) 미군정기에 만들어진 학교들은 토지 개혁과 긴밀한 관계가 있다고 한다. 토지분배 문제가 생기자, 재단으로 토지를 편입시켜 놓기 위해 학교를 세운 것이다. 이렇게 세워진 학교는 당연하게 교육 본래의 의미보다는 교육을 통한 이익 챙기기에 급급할 수밖에 없을 것이다. 재단이나 개인의 이익이 아니라 진정 아이들을 생각하는 교육이 이루어질 때는 그 언제일까?

겨울이 지나면 봄이 오듯

겨울 숲에 가보면 앙상하게 옷 벗은 나무들이 서로 단단하게 어깨를 감싸고 찬 겨울바람과 맞서고 있음을 알게 된다. 겨울이 매울수록 봄은 따뜻하다. 우리 교육에 문제가 있다면, 그 문제들은 결코 혼자만의 힘으로 풀리지는 않으리라. 그러나 한 사람 한 사람의 힘이 모여 이 땅에 참교육의 새날은 밝아올 것이다. 아이들이 웃으며 교정을 거닐고, 친구의 아픈 이야기를 제 아픔처럼 느낄 줄 아는 아이들이 살아 있는 학교, 선생님의 기쁜 가르침과 아이들의 즐거운 배움이 아지랑이처럼 피어오르는 학교가 겨울 건너 저편에서 우리를 기다리고 있다. 어린 날 걸어가던 십 리의 등교길처럼 공동체의 사랑이 넘치는 그 학교를 향해 가야 할 사람은 다른 누가 아니라 바로 우리 자신이다. 다시 그 십리 길 신작로를 걸어보고 싶은 나의 소망은 진정 꿈일까?

우리는 무엇을 배웠는가

현병호

필승

인사하는 방법도 여러 가지다. 흔히 목례나 악수로 인사를 나누는 일반인들과 달리 군인들은 훨씬 딱딱하고 박력있게 인사를 한다. 다 알다시피 오른손을 힘차게 올리면서 목청껏 구호를 외치는 것이 우리네 군인들이 흔히 하는 인사법인데 그때 외치는 구호는 대개 '필승'이나 '충성' 같은 것들이다. 언제 있을지 모르는 전투에서의 필승을 다짐하며 서로 하나됨을 확인하는 의식일 것이다.

한때 우리는 군대가 아닌 학교에서도 그런 의식을 볼 수 있었다. 학생들이 상고머리에 군복 같은 교복을 입고 다니던 시절이었다. 선생님 앞에서는 물론이고, 상급생에게도 그런 인사를 하지 않았다가는 어떤

현병호 — 도서출판 보리 편집부장. 이 글의 일부는 《우리교육》 1994년 9월호에 실렸던 것이다.

봉변을 당할지 모르던 그 시절, 학교는 사뭇 병영 같았다. 시험공부 틈틈이 매주 한두 시간씩 총검술 같은 군사훈련도 받아야 했던 그때, 우리가 외치던 '필승'이라는 구호는 두 가지 의미를 띤 것이었다. 저 '호전적인 북괴'와의 전쟁에서 이긴다는 의미와 또 한편으로는 당면한 입시전쟁에서 승리한다는 의미였다.

물론 학생 신분인 우리로서는 입시전쟁이 더 절박한 현실이었으므로 '필승'은 책상머리에 좌우명처럼 붙어 있기도 했다. 입시전은 이른바 아군 없는 전쟁인만큼 어쩌면 더 고달픈 상황일 수도 있었다. 그래서 자칫 전의를 상실하기 쉬운 이 전쟁의 특성을 이용해 톡톡히 한몫 보는 군수업체가 다름아닌 참고서 회사들일 것이다. 그 시절 참고서는 그 이름부터 우리들의 전의를 북돋우는 데 충실했던 것 같다. '필승'과 '완전정복' 시리즈가 그때 가장 인기 있는 참고서들이었으니까. 물론 그 장비들도 값이 만만찮아 빠듯한 예산으로 모두 갖추기란 쉽지 않았지만, 어쨌든 우리는 손에 손에 펜대를 들고 그 모든 과목들을 완전정복하기 위해 코피를 쏟아야 했다. 국어, 영어, 수학… 이들을 정복하는 것은 곧 다른 경쟁자들을 정복하는 길로 통했고, 그것은 또한 우리에게 필승의 고지를 약속하는 것이었다.

그 후 민주화 바람을 타고 학교는 차츰 병영 분위기를 벗기 시작했다. 학생들은 더이상 총대를 메지 않게 되었고, '필승'을 소리 높이 외치지 않아도 되었다. 하지만 그렇다고 해서 입시전의 치열함이 누그러진 것은 물론 아니다. 오늘날까지 계속되고 있는 저 군수업체들의 엄청난 호황만 봐도 짐작할 수 있듯이. 이 나라의 경제성장에 발맞추어 성장에 성장을 거듭해온 입시전의 군수업체들은 이제 그들끼리 또 하나의 전쟁을 치르는 상황에 이르렀다. 필승과 완전정복의 양대 진영을 뚫고 핵심이니 하이라이트처럼 세련된 이름의 참고서들이 속속 등장했고 학원들 역시 헤아릴 수 없을 만큼 늘어나 바야흐로 춘추전국시대를 맞이하기에 이른 것이다.

학교가 병영분위기를 벗으면서 또 한편에서는 새로운 학원이 등장했으니 이른바 기숙학원이라는 군대식 학원이다. 학교와 병영의 나쁜 점만을 골고루 모아다 만든 것 같은 이 '수용소' 학원에서는 오늘도 '필승'의 소리가 소리 높여 울려 퍼지고 있다. 사실상 아군 없는 입시전선은 갈수록 긴장도를 더하여 수많은 병사들이 그야말로 '병자'가 되어가는 마당에도 종전은커녕 휴전의 기미조차 보이지 않는다. 고지가 바로 저긴데…, 이런 시구를 주문처럼 되뇌며 만인의 만인에 대한 투쟁은 오늘도 교육이란 이름으로 계속되고 있는 것이다.

우리는 대체 왜 이런 끝없는 소모전을 치르고 있는 것일까? 비록 입시전은 끝없는 장기전일지라도 참전 병사들은 저마다의 복무기간만 채우면 누구나 이 지긋지긋한 전쟁터를 훌훌 벗어날 수 있다는 희망이 있기에 모든 것을 꾹 참고 견뎌낼 결심을 하게 되는 것일까? 사실 이 전쟁에는 해마다 수십만의 신병이 끊임없이 보충되는 묘한 특징이 있기도 하다. 덕분에 저 군수업체들은 불경기를 걱정하지 않아도 좋지만, 그들에게 황금알을 낳아주는 우리들은 정말이지 꽁무니가 빠질 지경이 아닌가…

지난 70년대 입시전의 참전용사들이었던 필승세대가 이제는 학부모가 되어 또다시 90년대의 입시전에 한발을 들여놓게 되었다. 별다른 죄책감 없이 자식들을 이 전쟁터로 몰아넣으면서 물심양면 지원을 아끼지 않는 우리네 부모들은 과연 무슨 생각을 하고 있는 것일까? 피할 수 없는 현실이라 체념하는 것일까? 어차피 치러야 할 전쟁이니 어떻게 해서든 이기고 보자는 심정일까? 그래서 천신만고 끝에 마침내 저 필승의 고지를 점령하는 그 자식은 과연 말 그대로 승리자일까?

그 필승의 고지 위에 한번이라도 올라서 본 사람이라면 알 것이다. 그 고지가 얼마나 삭막한 곳인지를. 기대했던 무지개는 흔적도 보이지 않고, 문득 고개를 돌려보면 저 너머 끝없이 이어지는 또다른 고지들, 고지들… 한숨을 돌릴 틈도 없이 또다시 군장을 꾸려 달려야만 했던 그때의 그 적막한 분노를 기억하리라. 하지만 승리가 곧 행복의 근원이라고 믿고 내일의 승리를 위해 기꺼이 오늘을 희생할 준비가 되어 있던 우리들은 대부분 그 분노를 그다지 오래 간직하지 않았다. 갈 길이 멀었던 것이다.

토끼와 거북이

"어느 날 거북이와 토끼가 바다에서 수영시합을 했단다. 그래서 토끼는 빠져죽고 거북이는 뒤도 돌아보지 않고 헤엄쳐서 일등 했지." 어디서 많이 듣던 것 같은 이 이야기가 다름아닌 우리네 학교에서 매일같이 일어나는 현실을 역설적으로 묘사한 것이라고 한다면 틀린 말일까?

우리가 처음 학교라는 곳에 들어가 국어 교과서라는 책에서 배운 토끼와 거북이의 우화는 매우 교훈적이었다. '하면 된다. 필승!' 이 이야기를 가슴에 새긴 아이들은 저마다 다짐을 했으리라. '부지런히 달려서 일등 해야지!' 자신이 토끼인지 거북이인지도 모르는 채 무작정 달리기 시작한 이 경주의 결과는 그러나 교과서대로가 아니었다. 입시 경주에서 토끼들은 뛰다 말고 내쳐 잘 만큼 어리숙하지 않았고 잠을 자도 결승점을 넘어 단잠을 즐길 만큼 약아 있었다. 그리고 자신이 거북이임을 뒤늦게 깨달은 수많은 느림보들이 오히려 달리기에 지쳐 곳곳에 널브러지는 상황이 벌어졌다.

사실 토끼와 거북이가 '땅 위에서' 달리기를 할 때부터 이미 결과는 예고된 것이었다. 거북이도 부지런히 달리면 일등할 수 있다는 것은 우화 속에서나 가능한 일이다. 그러나 저 우화 속에서 우리의 귀감이 되었던 거북이, 아름다운 경치 한번 쳐다보지 못하고 그렇게 죽으라고 달린 끝에 마침내 토끼를 이긴 저 역전의 용사 거북이의 후일담을 아는 사람은 많지 않다. 그날 밤 그 거북이가 심한 몸살을 앓아 며칠 동안 드러누워 있어야만 했다는 이야기를. 그리고 그 후에도 조금만 무리하면 다리에 쥐가 나서 오래도록 고생했다는 이야기를 아는 사람은 별로 없다.

'하면 된다.' 주어와 목적어가 생략된 이 말이 언제 어디서나 통하는 진리처럼 될 때 억지와 무리가 따를 수밖에 없었다. 하지만 입시경주의 주최자들은 이런 현실을 거들떠보려고도 하지 않았다. 그래도 달리면 된다고 소리치며 경주를 부추길 따름이었다. 그런 주위의 등쌀에 거북이들은 죽을죄를 지은 듯 고개도 들지 못한 채 엉금엉금 기는 시늉이라도 해야 했다. 하면 된다! 그러므로 뒤처지는 자는 오로지 스스로 힘껏 달리지 않은 탓이었다. 땅은 죄가 없는 것이다. 그러니 땅 위에서 헐떡거리는 거북이를 보고도 태연히 지나쳐 갈 수 있었다. 걸리적거린다고 투덜거리면서…

한때 중고등학교에 우열반이라는 것이 있었다. 토끼는 토끼끼리, 거북이는 거북이끼리 달리게 하자는 것이었다. 물론 경주를 따로 하자는 것이 아니라 그저 편만 가르는 것이었는데 겉으로는 토끼와 거북이를 다 같이 배려한 것이라지만 사실은 토끼들을 위한 조치나 다름없었다. 느림보 거북이 때문에 토끼들마저 제대로 달릴 수 없으니 걸리적거리는 거북이는 따로 한쪽 길로 기어가게 하자는 계산이었다. 그때까지 자신이 거북이인지도 모르고 달리던 느림보들은 거북이반에 들어가자 비로소 자신의 처지를 분명히 깨닫게 되었다. 그 중에는 백일 동안 종이와 잉크만 먹은 거북이가 토끼로 변하는 신화 같은 일이 일어나는 수도 있었지만 물론 흔치 않은 일이었다.

한편 토끼로 변신할 만큼 미련스럽지 못한 대부분의 거북이들은 저만치 깡충거리며 뛰어가는 토끼들을 멀거니 바라보며 자신의 갈퀴 달린 발을 탓하기도 하고 무거운 등딱지를 원망하기도 했다. 그런 거북이들 보기가 민망했던지 우열반은 몇 해 안 가서 없어졌다. 하지만 그렇다고 상황이 달라지지는 않았다. 거북이들은 여전히 땅 위에서 헐떡거려야만 했고 아예 달리기를 포기한 몇몇은 나무그늘 밑에서 낮잠을 잤다. 간혹 이리저리 어슬렁거리던 거북이들 중에는 운 좋게도 바다로 나가는 샛길을 찾는 수도 있었지만 그도 흔치 않는 일이었다.

그러면 땅 위에서 깡충거리며 뛰어가는 토끼들은 행복했던가? 앞서거니 뒤서거니 정신없이 달리는 토끼들은 낮잠을 즐기기는커녕 길가에 핀 민들레 꽃향기 한번 맡아보지 못하고 앞만 보고 달려야 했다. 고지가 바로 저긴데 여기서 말 수는 없는 노릇이었다. 사실 죽으라고 달리면 누구나 일등할 수 있다는 이야기는 토끼들 세계에서는 상당히 설득력을 갖는 말이었다. 뒷다리가 좀 짧아도 쉬지 않고 뛰다 보면 운이 좋을 경우 일등을 할 수도 있는 것이다. 그러나 토끼들의 현실은 그렇게 단순하지 않았다. 입시경주에서 어떤 토끼들은 나이키를 신고 뛰기도 했던 것이다. 심지어 차를 타고 달리는 것조차 용납되는 것이 입시경주의 현실이다.

 이기는 것이 최선이었다. 이기기 위해서는 모든 수단이 동원되었다. 70년대의 과외열풍은 시골구석까지도 휘저어놓았다. '잘살아 보세'라는 노랫소리와 더불어 이 땅에 불기 시작한 '하면 된다' 식의 밀어붙이기 바람은 교육열로 미화된 우리의 출세욕을 한층 부채질했다. 자유 민주주의 이념을 등에 업고 열심히 달리기만 하면 남보다 앞설 수 있다, 잘살 수 있다는 생각이 사람들의 머릿속에 심어졌다. 그리하여 정말 잘사는 것이 무엇인지 생각해볼 겨를도 없이, 자유와 평등의 이념을 의심해볼 여지도 갖지 못한 채 우리는 저마다 잘살아보겠다는 눈물겨운 희망을 안고 이 경주에 휘말려 정신없이 달려온 것이다.

 빨리 달리는 것이 미덕인 이 사회에서 달리기 훈련을 착실히 받은 우리는 이제 너도나도 자동차를 몰고 고속도로를 질주하게 되었다. 남을 앞지르는 데서 삶의 희열을 느끼기에 이른 어떤 경주자들은 제 속도를 주체하지 못해 어디로 가는지도 모르는 채 달리고 또 달리고… 길가의 민들레는 매연을 뒤집어쓴 채 시들어간다. 차창 유리 속의 고독한 토끼들은 외로움에 지친 눈빛으로 서로를 힐끗거리지만 손을 내밀기에는 거리가 너무 멀고 또 위험하지 않은가. 허전한 손은 십자가나 염주알을 만지작거릴 뿐 어디를 둘러보아도 이 손을 마주잡을 따뜻한 손이 없다.

졸과 후

 선도부, 혹은 규율부. 70년대 중고등학교를 다닌 사람이라면 이 말에서 어떤 느낌을 받을까? 교복 단추 하나만 떨어져 있어도 학교 가기가 겁나던 그 시절, 노란 완장을 차고 교문을 지키고 섰던 규율부원은 하급생들에게는 공포의 대상이었고 동급생들에게도 꺼림칙한 존재였다. 교문 밖 멀찌감치부터 모자를 고쳐 쓰고 목을 죄는 '후꾸'를 매만지며 걸어가다 보면 저만치 앞에 이순신 장군 동상처럼 버티고 섰던 규율부 선생님! 우리들 사이에서 '똥파리'라는 은어로 통하던 그 선생님의 손에는 언제나 번쩍이는 바리캉이 들려 있었다. 그 앞에서 '필승' 구호를 목청껏 외치며 힘차게 경례를 해야만 교실로 들어갈 수 있었던 그때 어쩌다 뒷머리가 그 손에 잡히기라도 하면 어김없이 재깍거리는 바리캉 소리를 들어야 했고 몇 분이라도 지각을 하는 날에는 그 자리에 엎드려뻗쳐 '원산폭격'을 해야 했다.

 그 즈음 우리에게는 '빳다'라는 것이 빠이롯드 만년필 만큼이나 친숙한 것이었다. 물론 되도록 가까이 하고 싶지 않았지만 이따금 마주치면 엉덩이로 뜨거운 인사를 나누어야 했던 그 친구는 비단 화장실의 애연가들과만 친했던 것은 아니었다. 흔히 책상 가로대를 빼어 만든 그 몽둥이는 선생님들의 권력을 상징하는 것이었는데 가끔 그 권력을 대행하는 규율부원이나 '건방진' 후배를 길들이려는 선배들의 폭력을 정당화시키는 도구가 되기도 했다.

 학교가 병영 같았던 그 시절 우리에게 부과된 규율은 당시의 군대 규율과 거의 다를 바 없었던 것 같다. 학교의 규율은 교칙과 문교부 지침에 따라 정해지는 것이었겠지만 그 규율을 어긴 학생들을 처벌하는 방식에는 선생님들의 '기분'이 많이 작용했다. 선생님들은 '스스로' 필요하다고 판단될 때면 언제든지 물리력을 행사할 수 있었고, 우리들은 그 속에서 복종심과 인내심을 키웠다. 흔히 사랑의 매라고 불리는 매질은 추운 겨울날 손바닥을 따끈따끈하게 데워줄 때 말고는 그 이름값을 하지 못했지만 별로 계절을 가리지는 않았다. 그리고 교실 안의 절대 권력자인 선생님의 비위를 거스르는 것은 무엇보다 큰 죄에 해당했다. 그 '괘씸죄'에 대한 벌은 사실상 초법적이었으니 '마음껏' 화풀이를 해도 잘못은 언제나 비위를 거스른 학생에게 돌아가기 마련이었다. 하지만 말을 잘 듣는 아이를 원하는 부모나 사회는 그런 것을 별로 문제삼지 않았다.

이른바 교육지침이란 것이 교사들에게 주어지는 학교, 그리고 시간표를 비롯하여 모든 규율이 일방적으로 학생들에게 강요되는 학교, 교사와 학생 사이는 물론 상급생과 하급생 사이까지도 위계질서로 짜여져 있는 학교, 그 학교의 질서유지를 위해 규율부라는 경찰조직을 필요로 하는 학교, 그 질서를 위해 폭력이 정당화되는 학교, 그런 학교에서 10여 년을 생활하면서 우리의 의식을 넘어 무의식에까지 박혀버린 관념이 있으니 그것은 곧 '권위에 대한 복종'이 미덕이라는 관념이다.

복종심을 기르는 훈련은 사실상 학교의 다른 모든 교과과정보다 우선하는 것이었다. '국민'학교 입학식 날부터 훈련에 훈련을 거듭한 '앞으로 나란히, 옆으로 나란히'는 너무도 우리의 의식 깊숙이 자리잡아 줄서기도 아닌 줄맞추기가 왜 그토록 중요한지 그 정당성을 묻는 물음조차 할 수 없었다. 줄맞추는 일이 인생의 중대사처럼 느껴지던 그 시절, 우리들은 앉으나 서나 앞줄 옆줄 맞추기에 여념이 없었다. 조례시간 어쩌다 앞사람의 앞사람 뒤꼭지만 보아도 큰 잘못을 저지른 기분이 되어 게걸음을 쳤고, 교실에서는 책상줄이 삐딱하지 않도록 쉬는 시간 틈틈이 신경을 써야 했다.

학교란 으레 그런 곳인 줄 알고 그저 교실 안의 절대자인 선생님들 눈밖에 나지 않으려고 가슴 졸이며 눈치보기에 바빴던 우리에게 '선생님'이란 과연 어떤 존재였던가? 스승의 날이라는 근사한 기념일은 해마다 있었지만 '스승'이라는 말에 왠지 가려움증을 느낀 사람이 한둘일까? 길에서 우연히 마주쳤을 때 반가웠던 선생님을 한두 분이라도 알고 있는 사람은 운이 좋은 학생이었을 것이다. 대개는 내심 '이크, 길 잘못 들었네' 그러고는 서둘러 인사하고 지나치기 바빴으리라. 그런 우리에게 대부분의 선생님은 다만 입시전선의 교관이자 학생사회의 경찰이었다고 말한다면 지나친 표현일까?

사실 이 사회가 교사에게 요구하는 첫째 덕목은 학식도 인품도 아닌 다름 아닌 통제력이었다. 아이들을 잘 통제하는 선생은 유능한 선생인 것이다. 그리고 그 일을 하는 데 필요한 거의 모든 수단이 주어져 있었다. 거기에는 군대식 규율이나 폭력 같은 비이성적인 수단뿐만 아니라 더욱 '교육적'이고 효과적인 수단들이 많았다. 그중에서도 '숙제'는 특히 교묘한 통제장치였다. 학교담 너머까지 작동되도록 고안된 이 원격조종장치는 성능이 대단히 우수해서 한 달이 넘는 방학 동안에도 배터리 교환없이 내내 잘 작동했다. 하지만 그보다 한층 더 교묘하고 뛰어난 첨단장치가 있었으니, 다름아닌 '시험'이었다.

숙제와 시험이 단순히 학생들의 능력을 개발하고 평가하는 것이라고 믿는 사람이 있을까? 주마다 달마다 되풀이되는 시험에 대한 강박관념은 마치 뇌 속에 이식된 마이크로칩마냥 우리들의 행동과 생각을 통제하지 않았던가? 말하자면 내면화된 규율 같은 것이었다. 학생은 모름지기 (시험)공부를 해야 한다는 것이 불문율처럼 모든 '선량한' 학생들의 생활을 지배했다. 그러나 여느 사회와 마찬가지로 학교에도 그런 선량한 시민들만 있는 것이 아니었으므로 이른바 '불량' 학생들은 그런 불문율쯤은 불문에 붙이고 생활했다. 물론 학교는 거기에 대해서도 적절한 통제수단을 갖추고 있었다.

생활기록부. 학교에서의 학생들 생활태도를 평가하여 기록한 이 서류는 진학이나 장래의 사회생활에도 상당한 영향력을 갖고 있어 우리 모두에게 은근히 신경 쓰이던 것이었다. 그 기록들 중에 아마도 가장 중요한 사항은 출석 기록일 것이다. 출석을 얼마나 잘 하느냐가 곧 근면, 성실의 척도가 된다고 믿는 까닭에 개근상도 우등상 못지않게 중요하게 여겨졌다. 사실 6년 개근상을 받아가며 훈련에 훈련을 거듭한 사람은 아마도 직장에서 10년 근속상을 받을 가능성이 많을 터였다. 물론 그런 '개·근·상'이니 우등상 따위에 관심이 없던 친구들도 출석만큼은 신경을 써야 했다. 적어도 졸업장을 원하는 한 마음대로 학교를 빠질 수는 없는 노릇이었다. 무단결석은 중죄에 해당했으므로 비록 학교에 와서 한나절 잠을 자는 친구들도 출석부에는 줄이 그어지지 않도록 애를 썼다.

이렇게 이중 삼중으로 얽혀 있는 학교의 그물을 빠져나가는 길은 사실 한 가지뿐이었다. 졸업장을 포기하는 길 말이다. 하지만 그 '빛나는' 졸업장을 포기하려는 눈먼 친구는 거의 없었다. 어쩌다 본의 아니게 쫓겨나는 경우는 있었지만 그것은 해방이 아니라 추방이었다. 그런 추방이 의미하는 것은 곧 사회에서의 매장이나 다름없는 것이었다. 졸업장은 이 사회의 신용장이었다. '고졸'이란 '군필'처럼 삼 년 동안 갈고 닦은 복종심과 인내심을 국가가 보장하는 KS마크였던 것이다. '졸'은 곧 '쭈'이었다.

교과서읽기와 고전읽기

'국민' 학교 시절 교과서 맨 앞장에 박혀 있던 국민교육헌장을 외우지 못해 변소청소를 해본 사람이라면 아마도 '민족중흥의 역사적 사명을 띤' 국민되기가 쉽지 않음을 예감했을 터이다. 하지만 이 땅에 태어난 이상 그 쉽지 않은 길을 피할 도리가 없었기에 우리는 애써 훌륭한 국민이 되기로 마음을 먹었다.

훌륭한 국민이 되는 길은 물론 아주 가까이 있었으니 다름아닌 교과서랑 친해지는 길이 그것이었다. '토끼와 거북이' 이야기로 시작된 국정교과서는 그 후 십수년 동안 우리의 세계가 되었고 우리는 그 세계의 모범시민이 되고자 교과서를 읽고 또 읽으며 수많은 시험을 치러야 했다. 시험을 무사히 통과한 사람은 이 사회의 모범시민이 될 수 있다는 암묵적인 약속이 주어져 있었다. 그리고 그 모범시민들이 바로 이 나라의 초석이 되고 기둥과 벽돌이 될 것이었다. 우리는 '자랑스런 태극기 앞에서 조국과 민족의 무궁한 영광을 위해 몸과 마음을 바쳐 충성을 다할 것을 굳게 다짐하곤' 했다.

우리는 버림받는 돌이 되지 않으려고 애를 썼다. 규격에서 벗어나는 것은 곧 '못쓰는 놈'이 되는 것이었다. 그런 몹쓸 놈이 되지 않도록 학교의 온갖 규율들은 우리 행동을 규격화시켰고 교과서는 우리의 의식을 틀잡아갔다. 그러므로 '선생님의 말씀을 잘 듣고 교과서에 충실한' 한 그 규격에서 벗어날 염려는 없었다. 한편 경상도 시골에서 자라난 우리는 교과서에서 쓰는 한국 표준말도 새롭게 배워야 했다. 사투리는 규격에 맞지 않는 말이었던 것이다. 그래서 아침밥은 집에서 '묵고' 점심은 학교에서 '먹으며' 교과서로 익힌 표준말을 표준전과와 표준수련장으로 가다듬으면서 우리는 점점 우리의 '할매'와 '할배'가 쓰는 말들을 부끄러워하게 되었다. 그렇게 우리는 서서히 한국 표준 규격품이 되어갔다.

일점 일획도 더하거나 뺄 것이 없는 경전과도 같았던 교과서를 통해 우리는 삶에 필요한 '모든' 것을 배웠다. 도덕까지도! 교과서는 매우 친절했다. 한 단원이 끝나면 배운 것을 잊지 않도록 익힘문제를 내주었고 덕분에 우리는 뭘 물어야 할지 고민할 필요도 없이 교리문답처럼 그저 주어진 질문에 맞는 답을 찾아대기만 하면 되었다. 게다가 바늘에 꿴 실처럼 교과서에 붙어다니던 참고서는 가능한 모든 질문을 해줄 뿐만 아니라 정답까지도 친절히 알려줄 만큼 서비스 정신이 투철하여 교과서보다 더 우리의 사랑을 받았다. 우리는 그렇게 점점 질문하는 법을 잊어갔고 생각과 느낌까지도 대신해주는 참고서들의 놀라운 친절에 힘입어 스스로 생각하고 느끼는 일마저 접어둔 채 시험문제 한두 개에 희노애락을 경험하는 점수 인간으로 변해갔다.

그렇지만 우리에게 교과서와 참고서가 유일한 책이었던 것은 아니다. 학교에서 글읽기를 배우고도 글읽기를 혐오하게 되지 않은 몇몇 아이들은 교과서보다 재미있는 책이 많이 있다는 사실을 눈치채고는 도서관을 들락거리기도 했다. 도서관 직원은 교과서 아닌 다른 책을 책상 위에 펴놓았다고 야단을 치지 않았다. 더욱이 도서관 서가에는 교과서가 한 권도 꽂혀 있지 않았으므로 교과서 아닌 다른 책을 빼보는 '죄'를 범하지 않고도 마음 편히 보고 싶은 책을 고를 수 있었다. 그런데 과연 그 '보고 싶은' 책이란 것이 어떤 책이었던가? 교과서가 암암리에 지시한 교양도서들을 무시하고 정말 자신이 보고 싶은 책을 고를 만한 안목과 용기를 갖고 있는 친구들이 있었던가? 세계명작동화를 비롯하여 한국 소년소녀 위인전을 떼고 난 우리들 앞에는 이른바 청소년 필독도서들이 줄줄이 기다리고 있었다. 우리는 교양 있는 선진 국민이 되지 못할까 봐 그런 도서목록을 적어놓고서 한 권 한 권 읽어 치웠다.

한때 학교에서는 교과서 아닌 '고전' 읽기가 강요된 적이 있었다. '자유 교양 고전읽기 경시대회'라는 이름으로 책읽기를 경쟁시킨 이 제도는 학교끼리 지역끼리 저마다의 명예를 걸고서 기억력 좋은 아이들을 선발하여 수업을 젖혀둔 채 지정된 몇몇 책을 달달 외우도록 만들어 달마다 시험을 치르게 했다. 똑똑하고도 어리석었던 아이들은 수업 빼먹는 재미와 상받는 재미에 맛을 들여 엉성하게 날조된 걸리버여행기를 읽고 삼국사기를 외웠다. 그렇게 해서 '교양을 드높인' 아이들은 삶을 이해하는 데 아무런 도움이 되지 않는 지식들로 머리통만 땡글땡글해져서는 그런 책을 읽지 않는 '수준 낮은' 친구들과 점점 어울리지 않게 되었다.

그런 책읽기가 우리에게 세상 보는 눈을 틔워주지 않은 점에서는 교과서와 조금도 다를 바가 없었다. 오히려 책을 읽으면 읽을수록 점점 더 삶과는 멀어져 갔다. 지리 교과서에 나오는 브라질의 사탕수수 농장에 대해 읽고 외우느라 정작 학교 옆 비닐하우스에서는 무엇이 어떻게 재배되는지조차 모르는 채 학교를 오고갔다. 그렇듯이 세계의 고전을 읽은 우리는 햄릿이라는 멋진 이름을 가진 사람이 무슨 문제로 죽느냐 사느냐 그러고 고민을 했는지는 알아도, 며칠 전에 농약을 마시고 죽어버린 이웃동네 아저씨가 왜 그래야만 했는지에는 별 관심이 없었다. 사실 먼 것은 이웃만이 아니었다. '친한' 친구들과 어쩌다 나누는 대화라야 시험과 공부에 관한 것이었고 그 친구네 가족이 몇인지도 알지 못했다. 가족이 낯설기는 자신의 가족도 마찬가지여서 언제부터인가 서로 얼굴을 마주하지 않았지만 그런 사실도 알지 못하고 지냈다. 이웃과 친구들, 가족과 자기 자신에게마저 담을 쌓고 살았던 그 시절, 책과 시험지 사이로 해가 뜨고 지는 나날들이 반복되는 그 생활은 참으로 책갈피처럼, 시험지처럼 얇고도 메마른 것이었다.

공부를 하면 할수록 오히려 삶과 멀어지는 그런 현실을 어렴풋이나마 깨닫게 된 것은 어느 봄날 오후 혼자 조퇴를 해서 집으로 돌아가던 길에서였다. 한낮에 홀로 학교를 나와 집으로 걸어가는 그 길이, 날마다 아침저녁으로 지나다니던 바로 그 거리풍경이 그때 얼마나 낯설었던지… 까만 교복은 마치 우주복처럼 느껴지고… 책과 칠판의 세계에서 걸어나와 눈부신 햇빛을 받으며 거리를 걸을 때, 마치 2차원 평면 세계에서 걸어나와 갑자기 3차원 공간으로 넘어오기라도 한 것처럼 모든 것이 낯설고 생생하게 느껴지던 그날 오후, 자신이 뭔가에 단단히 속고 있는 듯한 기분을 떨칠 수가 없었다.

그 느낌의 정체를 알지 못한 채 학교생활은 계속되었지만 그날 이후

학교는 더이상 전처럼 '세계'가 아니었고 하나의 '섬'이 되었다. 종종 선생님들 눈을 피해 담장을 넘어 조퇴하던 친구들의 심정을 이해할 수 있을 것도 같았다. 새나라의 역군이 될 뜻이 별로 없어 뵈던 그 친구들은 일찌감치 벽돌이 되기보다 구르는 돌이 되기로 작정한 것인지도 몰랐다. 구르는 돌을 곱게 봐주지 않는 이 사회에서 그 친구들은 어떻게 되었을까⋯ 이 반쪽 나라 한 모퉁이의 반쪽 벽돌이 되어서나마 새 역사를 창조하고 있을까⋯ 그 친구들을 만나 소주잔이라도 나누고 싶을 때가 문득문득 있다. 그리운(?) 학창시절의 그리운 친구들이다.

아이들은 '텅 빈 머리'가 아니다

패트 몽고메리

가시밭길을 가려는 사람들

몇백 명의 어린 학생들이 폭포로 가는 길 옆 광장에 질서정연하게 모여 앉아 있었습니다. 그 학생들은 폭포를 구경하려고 버스를 몇 대 대절해서 이제 막 도착한 것입니다. 아이들은 하나같이 운동복을 입고 있었는데 제복차림의 아이들 집단은 무척 낯선 모습으로 비쳤습니다. 이윽고 교사가 뭐라고 호령하자 그 아이들 가운데 몇 줄이 일어서더니 폭포쪽으로 줄을 맞춰 걸어가기 시작했습니다. 참으로 놀랄만한 광경이었습니다. 마치 군대처럼 일사불란한 행동이었지요. 게다가 아직 앉아 있는

패트 몽고메리(Pat Mongomerry) — '그랜라라' 라는 작은 학교를 만들어 아이들을 가르치고 있으며 미국자유학교연합(NCACS)의 초대 회장을 지내기도 했다. 이 글은 일본의 교육을 걱정하는 부모와 교사들의 초청으로 1982년 일본을 방문하고서 미국의 자유학교 운동을 소개하고자 동료인 크레아 콘과 함께 쓴 책《Free School- Reality & Dream 자유학교-그 꿈과 현실》에서 뽑은 것이다.

나머지 아이들은 재잘거린다던가 친구랑 장난을 치지도 않았습니다. 쨍쨍 내리쬐는 햇볕 아래 얼마나 참을 수 있는지 시험하기라도 하듯 묵묵히 앉아 있는 것이었습니다. 교사들은 그 주위에서 팔짱을 낀 채 조금이라도 재잘거리는 아이가 있으면 당장 끄집어내기라도 할 듯한 눈초리로 통제가 무너지지 않도록 감시를 계속하고 있었습니다. 1982년 일본을 처음 방문했을 때 세이코현의 이름난 관광지인 백사폭포 앞에서 목격한 광경입니다.

도쿄에서 묵었던 호텔에서는 창밖으로 운동장에 정렬한 고등학생들을 볼 수 있었습니다. 학생들은 남녀 구별없이 제복을 입고서 꼼짝도 하지 않고 앞을 보고 있었습니다. 높은 단상에는 교장인 듯한 사람이 서서 뭔가를 이야기하고 있었습니다. 이것이 일본의 대부분 학교에서 아침마다 하고 있는 조례라는 것을 나중에야 알게 되었습니다만, 그 또한 통제나 규율이라는 말을 떠올리게 하는 기괴한 광경이었음을 털어놓지 않을 수 없습니다. 그 광경을 볼 때마다 육군사관학교에서 목격한 군인들의 훈련 장면을 떠올리지 않을 수 없었습니다. 운동장에 정렬한 학생들의 동작 하나하나가 닮았기 때문만은 아니었습니다. 그보다도 어딘가 멍한 듯한 어두운 표정이 카키색 군복을 입고 있던 저 군인들의 표정과 통하는 데가 있다고 느꼈기 때문입니다.

일본의 많은 학교도 역시 미국의 전통적인 학교가 그렇듯이 관리와 통제가 지배하는 세계였던 것입니다. 더욱이 일본의 학교는 시험으로 학생들을 선별함으로써 더 한층 숨막히는 곳이었습니다. 그래서 아이들에게 어떤 일이 일어났습니까? 아마 도쿄 호텔 창밖으로 보았던 학생들의 그 얼어붙은 표정이 그것을 웅변으로 말해주는 것이었다고 생각합니다. 일본 곳곳에서 집회를 가질 때마다 부모들은 물론 교사들까지 입을 모아 호소했습니다.

"학교는 아이들이 감수성 풍부하고 스스로 행동할 수 있는 사람이 되도록 하는 노력을 아예 버렸습니다. 아이들은 그런 학교에 반항해서 폭력과 등교거부가 끊이지 않습니다."

"공부 잘하는 아이들을 걱정할 필요는 없는가 하면 그렇지도 않습니다. 그 아이들은 대개 어떻게 하면 어른들 마음에 드는지를 잘 알고 있는 것뿐입니다. 그래서 그 아이들이 자라서 어떤 어른이 될까 생각하면 등골이 오싹해집니다."

왜 일본의 의식있는 부모와 교사들이 자유학교를 필요로 하는지 가슴이 아플 정도로 분명히 깨닫게 되었습니다. 우리도 이미 몇십 년 전에 똑같은 고민을 했기 때문입니다. 그리고 그 고민이 스스로 새로운 학교를 만들어 보자는 행동의 계기가 되었던 것입니다. 한마디로 학교를 만든다고 하지만 실제 그 일은 결코 쉬운 일이 아닙니다. 행정에 대응하는 문제며 돈 문제, 그리고 무엇보다도 교육과 학교에 대한 세상의 고질적인 상식과 싸우는 일이 여간 어렵지 않습니다.

학교 같지 않은 학교

길가에 나무들로 둘러싸인 넓은 뜰에 푸른색 낡은 판잣집이 두 채 서 있습니다. 여기가 다름 아닌 학교라고 하는 말에 곧 고개를 끄덕일 사람은 없을 것입니다. 하지만 패트 몽고메리가 남편인 짐과 함께 1967년에 문을 연 이 그랜라라는 틀림없는 학교입니다. 지금 이곳에는 두 살반부터 열여섯 살까지의 아이들 55명이 자유로운 공기를 가슴 가득 들이키며 충실한 하루 하루를 보내고 있는 것입니다.

그랜라라가 학교 같지 않은 것은 건물뿐만이 아닙니다. 교실에 들어서면 우선 가장 먼저 눈에 띄는 것은 칠판을 향해 질서정연하게 놓인 책상이 없다는 점입니다. 남자아이 하나가 컴퓨터에 열중하고 있는 한편에서는 열두어 살쯤 되어 뵈는 여자아이가 자기보다 어린 아이 둘에게 책을 읽어주고 있고, 다른 세 아이는 나무 조각들을 가지고 열심히 기차놀이를 하고 있습니다. 문득 창밖을 내다보면 마치 타잔처럼 정글짐에 올라가기도 하고 나무를 타며 놀고 있는 남자애가 야호하며 손을 번쩍 들고는 환한 웃음을 던집니다.

그러니까 이 학교에는 아이들이 칠판을 보고 앉아 교사에게서 읽기 쓰기니 수학 따위 온갖 지식을 습득하는 식의 학습방식은 없는 것입니다. 아이들은 스스로 배우고 싶은 것을 찾아 자신의 관심과 의욕에 따라 발전시켜 갑니다. 그것이 이 작은 학교의 학습법이지요. 그러면 교사는 무엇을 하느냐구요? 방금 살펴본 이 교실에도 피아라는 여교사가 한사람 있는데 지금 한 아이랑 책상을 마주하고 이야기를 주고받고 있군요. 가끔 커다란 눈을 이리저리 굴리면서 마치 레이더처럼 교실을 둘러봅니다. 교실 안의 아이들이 지금 무엇을 하는지 그 부드럽고도 빈틈없는 눈으로 단번에 알아채는 것입니다.

이처럼 학교 같지 않은 학교는 그랜라라뿐이 아닙니다. 미국자유학교 연합(NCACS)에 등록되어 있는 학교는 1983년에 520개 학교나 됩니다. 전년도인 82년에는 212개였으니 일 년 새 거의 두 배나 늘어난 셈입니다. 크레아 콘이 1974년에 플로리다 주의 타라하세에서 문을 연 내츄랄 브릿지(1980년에 폐교)도 물론 이런 학교에 속하는 것이라 할 수 있습니다. 그랜라라나 내츄럴 브릿지가 그렇듯이 이런 새로운 작은 학교는 1960년대 후반부터 70년대 초에 걸쳐 초창기를 맞이했습니다. 이 시기에 미국에서는 새로운 학교들이 계속 생겨났습니다. 사립학교만 그랬던 것이 아니라 70년대에 들어서 그 여파가 공립학교에도 미쳐 많은 학교가 교육구조나 내용을 아주 바꿔가고 있는 것입니다. 1980년도의 추계로 전통적인 교육과 다른 '또하나의' 공교육을 받고 있는 아이들의 수는 미국 전체에서 약 3백만 명에 이르며 그 숫자는 갈수록 늘어나고 있습니다.

이러한 새로운 학교를 부르는 명칭은 여러 가지입니다. 선택 가능성을 준다는 의미를 띤 '또하나의 학교'(Alternative School), 자유를 보장한다는 뜻의 '자유학교'(Free School), 그리고 영국의 비정규 교육(Informal Education)을 모델로 한 '열린 교실'(Open Classroom) 이렇게 다양한 이름으로 불리고 있습니다. 그러나 이런 이름들이 뜻하는 것은 다음과 같이 요약할 수 있을 것입니다. 아이들이 자유롭게 의사결정에 참여할 수 있는 학교, 교사와 아이들이 신뢰관계로 맺어져 있는 학교, 아이들의 창의력과 호기심을 믿고 북돋우는 학교, 단편적인 지식을 주입시키지 않고 어떻게 배울 것인가를 배우는 것이 무엇보다 중요하다고 믿는 학교. 이러한 학교를 통틀어 일컫는 말로서 '자유학교' 보다 더 나은 표현을 찾을 수는 없을 것 같습니다. 이러한 총칭이 쓰이는 일은 드물지만 이제부터 우리의 이념을 구현하고 있는 학교를 자유학교라 부르고자 합니다. '자유'야말로 이러한 학교를 꿰뚫고 있는 중심축인 까닭입니다.

영재 교육의 결과

그런데 이런 자유학교가 1960년대 후반에 와서 자꾸자꾸 생겨난 까닭이 무엇일까요? 자유학교의 실상을 살펴보기 전에 조금 옆길로 들어가 이 의문에 답하지 않으면 안될 것 같습니다. 그것이 동시에 자유학교의 정신이 무엇인지를 밝히는 길이기도 하기 때문입니다.

역사를 거슬러 올라가 보면 오늘날의 자유학교의 싹은 80여년 전에 이미 싹트기 시작했습니다. 마리엣 존슨 부인이 앨라배마 주에 세운 오가닉 스쿨이 한 예입니다. 또 캘리포니아에서 1925년에 문을 연 페닌슐라 스쿨이 있는데, 이것은 부모들의 공동체로 출발한 점에서 앞의 경우와 다릅니다만 두 학교 모두 존속하여 자유로운 교육의 전통을 지켜오고 있습니다. 이 두 학교뿐만 아니라 1920년대부터 30년대에 생겨난 자유학교들은 — 그때는 이런 명칭이 쓰이지 않았지만 — 존 듀이 사상의 영향을 받고 있었습니다. 하지만 이윽고 이런 초기의 자유학교가 어려움을 겪는 시기가 닥쳐왔습니다. 1957년에 소련이 세계 최초로 인공위성을 쏘아올리는데 성공한 것이 그 직접적인 계기였습니다.

인공위성과 교육이 무슨 관련이 있나 이상하게 생각하는 사람도 있겠지요. 그러나 이 사건은 당시 미국이 과학기술 분야에서 소련에 뒤졌다는 것을 분명히 보여주는 것이었습니다. 미국 정부는 교육을 정비하는 것이야말로 소련을 따라잡는 유일한 길이라고 생각하여 점차 강력한 인력 정책을 펴기 시작한 것입니다.

그때까지 주류였던 듀이 식의 인간중심 교육에서 과학이나 기술을 중시하는 교육으로 옮겨간 것입니다. 우리와 입장을 달리 하는 사람들은 이것을 60년대의 '교육개혁'이라고 부릅니다만, 과연 그 '개혁'의 실상은 무엇이었던가요? 결론부터 이야기하면 그것은 학교를 아이들의 경쟁장으로 바꾸고 공부 잘하는 아이와 못하는 아이를 공연히 선별하는 작업에 지나지 않는 것이었습니다. 그즈음 하버드대학 학장인 코난도가 제창한 것이 다름아닌 '영재교육'인데, 그것을 구체화시킨 것이 우등반이니 특별학급이니 하는 것이고 보면 이것은 분명한 사실입니다.

하지만 얄궂게도 이 '개혁'은 60년대 후반에 들어와서도 눈에 띄는 성과를 거두지 못했습니다. 결국 아이들의 학력은 그다지 향상되지 않았던 것이지요. 그뿐만이 아니었습니다. 미국의 교육제도가 안고 있던 여러 가지 문제들이 이 선별교육으로 말미암아 불에 기름을 부은듯이 한꺼번에 터져나오기 시작한 것입니다. 뿌리깊은 인종문제, 자꾸만 불거지는 교내폭력이니 등교거부 문제 따위…

이처럼 황폐한 상황에 이르자 그때까지 아이들을 학교에 내맡겨두고 있던 부모들이 곰곰이 생각을 하기 시작했습니다. 교육이란 과연 무엇이며 학교란 어떤 곳이어야 하는가? 이런 의문들은 일찍이 듀이나 존슨 부인 같은 사람들이 되풀이하여 스스로에게 물었던 질문이었습니다. 마침내 부모들은 자신들의 발로 걷기 시작했습니다. 그리하여 이윽고 이런 결론에 이르게 된 것입니다. "이제 더 이상 아이들을 학교에 내맡겨둘 수 없다. 우리가 이제 우리 손으로 정말로 아이들을 위한 학교를 만들지 않으면 안되겠다!"

강제가 지배하는 학교

여기서 자유학교를 시작한 우리들이 전통적인 학교에서 무엇을 보았는지 좀 상세히 이야기할 필요가 있겠습니다. 학교가 선별과 경쟁으로 가득찬 세계라는 것은 이미 설명했습니다. 그런데 또 한가지 빠뜨릴 수 없는 말이 있습니다. 다름 아닌 '강제'입니다. 전통적인 학교의 성격을 이처럼 적절히 표현하는 말은 없을 것입니다. 누구든 전통적인 학교에서 몇 년을 보낸 아이들에게 물어보십시오, 학교가 즐거운 곳인지. 대부분의 아이들은 틀림없이 이렇게 대답할 것입니다. "학교에 가지 않을 수만 있다면… 휴!"

전통적인 학교는 학교문을 빠져나갈 자유도 아이들에게 인정하지 않습니다. 모든 아이들은 태어나는 그 순간부터 학교에 다니도록 운명지어집니다. 그런데 그 강제기간이 얼마나 되냐하면, 미국의 경우 1학년부터 12학년까지의 12년 가운데 만 6년(1년에 180일 출석)이고, 일본은 만 8년(1년에 240일 출석)입니다.(편역자 주―한국의 경우는 만 6년, 1년 출석일수는 220일)

그리고 일단 전통적인 학교에 들어가면 거기에는 헤아릴 수 없이 많은 강제가 기다리고 있습니다. 무엇보다 싫든 좋든 수업을 받지 않을 수 없는 강제가 있습니다. 그 수업은 아이들의 뜻과는 아무런 상관없이 정해진 시간표에 따라 진행되고 아이들은 그것을 따라 배우도록 강제되고 있습니다. 만약에 이제까지 알지 못했던 것을 알게 되어 수학공부를 더 하고 싶은 아이가 있다든지 국어공부보다는 축구를 하고 싶어하는 아이가 있다면 어떻게 될까요? 물론 전통적인 학교에서는 이런 일이 조금도 허용되지 않습니다. 교사들은 아이들의 흥미나 이해보다 수업 시작과 끝을 알리는 종소리를 더 존중하는 것입니다. 종이 울리면 즉시 수업을 끝내버리는 교사의 태도는 마치 교통정리하는 경관을 연상시킵니다.

전통적인 학교가 '시간'처럼 대단하게 여기는 것이 또 한 가지 있습니다. 다름 아닌 '침묵'이지요. 침묵은 금이라는 격언이 있습니다만 전통적인 학교에서는 이 격언을 이렇게 바꾸어야 할 것 같습니다. 침묵은 억압이라고!

수업 중에 잡담을 하는 아이가 있다면 전통적인 학교의 선생들은 반드시 눈쌀을 찌푸립니다. 잡담하는 것을 금지할 뿐만 아니라 입을 꾹 다물고 있는 것이 바람직한 일이 되어 교사들은 아주 열심히 아이들에게 그것을 권장하고 있습니다. "댁의 아이는 정말 얌전합니다. 교실에서도 복도에서도 절대 떠들지 않아요." 이렇게 자랑하듯 말하는 교장이나 교사가 있다는 사실을 우리는 잘 알고 있습니다.

한창 돌아다니고 싶고 재잘거리고 싶은 아이들에게 그런 일이 얼마나 고통스런 일일지요. 우리 자신이 지나온 어린 시절을 돌아보면 쉽게 상상할 수 있는 일입니다. 심장이 뛰는 소리도 들릴 만큼 가까이 앉아 있는 친한 친구랑 말을 주고받는 것조차 허용되지 않는 억압을 생각해 보십시오. 아이들은 얼른 수업이 끝나기만 기다리고 있기 마련입니다.

교실에 왜 침묵이 필요한가 물으니 어떤 교사는 이렇게 대답했습니다. "학교는 집단 생활을 하는 곳이므로 통제가 필요하다. 아이들이 제멋대로 잡담하고 돌아다니게 되면 통제가 되지 않는다." 하지만 그 통제라는 것이 도대체 누구를 위해 필요한 것입니까? 아이들은 아마 어느 누구도 그것을 바라고 있지 않을 것입니다. 만약 아이들이 입다물고 꼼짝 않고 책상 앞에 앉아 있다 해도 그것은 강요되어 그런 것일 뿐입니다. 아이들의 마음은 수업에서 멀리 떨어진 다른 곳에 가 있는 것입니다. 아니면 교사가 말하는 것에 귀기울이기보다 그렇게 앉아 있는데 더 신경을 쓰느라 마음이 어수선할지 모릅니다. 그리고 이런 일을 자꾸 되풀이하다보면 아이들은 점점 학교라는 곳이 즐겁지 않는 곳이고 하기 싫은 일을 억지로 하지 않으면 안되는 곳이라는 생각을 하게 되는 것입니다.

침묵의 세계

집단의 통제를 유지하려고 하는 전통적인 학교에서는 또한 아이들의 뜻과는 무관한 규칙들이 활개를 치고 있습니다. 이를테면 물을 마시거나 손을 씻고 싶을 때에도 아이들은 허락없이 교실을 떠날 수 없고 그런 곳에 가도 좋은 시간이 따로 정해져 있습니다. 중학교나 고등학교에는 복도를 순찰하는 교사나 순찰자가 있습니다. 그 사람들이 하는 일은 복도를 지나다니는 학생들의 통행증을 검사하는 일입니다. 심한 경우에 그 통행증에 교사의 서명이 있어 어디서 어디로 가는지 몇 시 몇 분까지 그 증명이 유효한지 하는 것들이 적혀 있습니다. 이런 학교에서는 도서실에 가는 것조차 자유롭지 못합니다. 대개는 미리 지정된 도서실시간이 있다든지 도서실행 통행증이 발행되고 있는 경우가 많습니다. 어떤 초등학교 교장은 아이들이 화장실에 가는 시간이 길다고 3분 안에 볼일을 끝내도록 교내 방송으로 지시한 적도 있습니다. 전통적인 학교생활이란 이처럼 '해서는 안되는 일'과 '하지 않으면 안되는 일'로 가득차 있는 것입니다.

그렇지만 이런 규칙으로 말하자면 미국 학교는 일본 학교보다 매우 관대하다고 해야 할지도 모릅니다. 우리가 듣기에 일본에서는 믿기 어려운 규칙들이 지금도 당연한 것으로 버젓이 통하고 있기 때문입니다. 예를 들면 어떤 초등학교에서는 아이들이 '쓸데없는' 잡담을 하지 못하도록 전교생에게 하얀 마스크를 쓰도록 한다는 것입니다. 또 어떤 중학교에서는 교실청소를 할 때 아이들이 모두 하나 둘 셋 넷 구령을 하도록 정하고 있다고 합니다. 그렇게 하면 잡담하는 시간이 없어져 아이들이 청소에 열중할 수 있다는 것이지요.

일본에서는 아이들의 옷이랑 머리 모양까지 규칙으로 정해져 있습니다만 이것은 우리들 눈에는 참으로 이상하게 보입니다. 그런데 그것을 강요하고 있는 학교와 교사들이 한편으로는 교육목표로 '개성 존중'을 태연히 주장하고 있는 것을 보면 더욱 이상한 생각이 드는 것입니다. 말과 행동이 전혀 맞지 않는다고 말하지 않을 수 없습니다.

미국이나 일본이나 전통적인 학교가 이처럼 많은 규칙들을 정해두고 있는 것은 교사가 아이들을 믿지 않는다는 증거입니다. 또 이렇게 말할 수 있을지도 모르겠습니다. 어쨌든 규칙으로 아이들을 묶어두는 편이 쉽기 때문이라고 말입니다. 언젠가 어떤 전통적인 학교에서 오랫동안 근무해온 양심적인 교사 한 분이 이렇게 말한 적이 있습니다.

"아이들이 '우로 봐' 하면 우로 보고 '좌로 봐' 하면 좌로 보게 되면 수업이나 과외활동이 순조롭게 척척 진행됩니다. 아마 대부분의 교사들이 그런 것을 근사하게 생각할 겁니다. 교과과정에 따라 정해진 시간표대로 해 나가면 노심초사하지 않아도 되고 아이들에게 호령한다든가 명령을 하는 것도 그리 기분나쁜 일이 아닌 까닭입니다. 그 순간 교사는 마치 전제군주나 군대사령관 같은 기분을 맛보고 있는지도 모릅니다."

아이들은 '텅 빈 머리'가 아니다

이러한 현실을 보면 볼수록 우리는 신념이 더욱 강해지는 것을 느낍니다. 요컨대 전통적인 학교는 잘못된 아동관에 사로잡혀 있는 것입니다다. 아니면 이렇게 말할 수도 있겠지요. 본래의 학습방식을 오해한 나머지 아이들을 오히려 학습에서 멀리멀리 떼어놓고 있다고 말입니다.

과거를 돌아보면 아이들은 가르침을 받지 않고도 스스로 배울 수 있는 존재로 보입니다. 학교라는 것은 인간의 긴 역사 속에서 그다지 멀지 않은 과거에 생겨난 것일 뿐입니다. 아이들은 수영을 배우고 싶으면 누군가가 헤엄치고 있는 것을 관찰하면서 배웠던 것입니다. 만약 그렇게 하고 싶은 의욕이 없었다면 결코 스스로 배우려 하지 않았겠지요. 그러나 아이들은 언제나 새로운 것을 만나면 그것을 이해하려는 의욕으로 넘쳐나는 것입니다. 이처럼 호기심으로 충만한 아이들이라는 존재를 우리는 늘 과소평가하고 있다는 사실에 주의하지 않으면 안됩니다.

언어를 익히고 말을 한다는 것은 인간이 습득하는 능력 가운데 가장 복잡한 것에 속합니다. 그런데 이 어려운 과정을 아이들은 태어난지 몇 년만에 거의 예외없이 거뜬히 마친다는 사실을 우리는 잘 알고 있습니다. 하지만 현대과학 조차도 이 학습의 과정을 정확히 설명할 수 없는 것입니다. 다만 아이들이 어떤 지적인 활동으로 이 복잡하기 짝이 없는 학습을 혼자서 해치우고 있다는 사실을 알뿐이지요. 바로 이 사실에서 우리는 모든 학습의 원점을 찾아야 한다고 생각합니다.

그런데 전통적인 학교는 어떻습니까? 아이들을 배우고자 하는 주체적인 의욕을 갖고 있는 존재가 아니라 무언가 가르침받기를 기다리고 있는 '텅 빈 머리'로 다루고 있지 않습니까? 교사란 이 텅 빈 머리에 지식을 집어넣는 존재라고 말할 수 있겠지요. 그 교사들은 분명히 아이들보다 한 단계 높은 곳에 서 있습니다. 교사들은 풍부한 지식을 갖고 있는 우월자이고 아이들의 의욕이나 취미에는 상관없이 '배우지 않으면 안되는 것들'을 차례차례 그 머리통 속에 집어넣어 주고 있는 것입니다.

학교가 생기기 전에는 가정과 지역사회 그리고 교회가 교육기관 노릇을 했습니다. 그러나 이들 '교육기관'이란 것은 결코 어떤 틀에 묶여있지도 않았고 어디서 무슨 교육을 맡는다는 분명한 구분도 없었습니다. 아이들은 주로 어른들의 활동에 참가함으로써 환경에 적응해가는데 필요한 것들을 스스로 배웠던 것입니다. 그러면 학교가 생기고 나서 이런 사정이 아주 바뀌어버린 것일까요?

사실은 그렇지 않습니다. 아이들은 여전히 학교 밖에서 더 많은 것을 배우는 것입니다. 이백 년도 더 앞서 루소는 이렇게 말했습니다.

"우리들 가운데 교육 미치광이들은 아이가 혼자서 배우는 쪽이 훨씬 더 잘 배우는 것을 애써 가르치려 하고 있다."

이제 새삼스레 이야기할 것도 없겠습니다. 우리들의 자유학교가 목표로 하는 것은 그런 부질없는 짓이 아닙니다. 다만 배우고자 하는 아이들의 의욕을 꺾지않고, 그 의욕이 시들지 않도록 돌보아주는 것뿐입니다. 다시 말해 자유를 인정해 준다는 것이지요. 그러기 위해 우리는 먼저 마치 감옥처럼 되어 있는 전통적인 학교에서 아이들을 빼내는 일부터 시작했습니다. 하지만 이 당면과제를 실현하는 길에는 엄청난 난관이 기다리고 있었던 것도 사실입니다. 우리 두 사람, 그리고 함께 걸어온 부모들 모두가 이 곤란에 맞닥뜨려 고민하면서 싸워왔습니다. 우리는 약하지 않았습니다. 그렇습니다. 우리 곁에는 항상 아이들이 있었고, 그 아이들이 우리를 힘껏 밀어주었던 것입니다. 자유 속에서 스스로 배우고 있는 아이들의 생기넘치는 웃음, 그것이 우리가 갖춘 최고의 무기였습니다.

우리가 꿈꾸는 학교

김희동

고민의 시작

처음 학교 생활을 하면서 아이들에 대해 크게 놀랐던 일이 두 가지 있었다. 하나는 아이들이 무슨 일을 할 때마다 어떻게 해야 하는지를 쉴새없이 물어오는 일이었다. 공부하다가 모르는 걸 묻는 거야 당연한 일이지만 충분히 스스로 할 수 있는 일인데도 "이렇게 하면 돼요? 저렇게 해도 돼요?" 하고 끊임없이 물어와서 아주 당황스러웠다. 시험지 한 장에 이런이런 내용으로 자기 소개서를 써 내라고 하면 "연습장도 되지요?" "공책에 하면 안돼요?" "시험지 없는데요?" "애는 시험지 없어요", "한쪽에만 하지요?" "앞뒤 다 해도 돼요?" "이거 맞지요?" "두 줄 내려서 써요?" "볼펜으로 쓰면 안돼요?" "화장실에 갔다 와서 쓰면

김희동 — 대구의 동문초등학교 교사. 지난 93년부터 여러 동료들과 함께 '민들레만들래'라는 모임을 만들어 자치와 상생의 자치 공동체 학교(민들레 학교)를 세우기 위해 애쓰고 있다. 이 글은 《녹색평론》과 《교대춘추》에 실린 글 가운데서 뽑아 다시 정리한 것이다.

안돼요?"… (으아아아—) 심한 경우는 아까 분명히 말해주었는데도 다시 물어오는 경우다. 그런 일이 되풀이되면 '도대체 어떻게 된 애들이야' 하고 속으로 슬그머니 화가 난다.

또 하나는 어떤 문제에 부딪혔을 때 '함께' 해결하는 데는 아주 힘들어한다는 점이었다. 해결을 하든 말든 모든 문제는 개인의 문제였고, 작은 모둠으로 나누어 모둠끼리 함께 해결하도록 했을 때도 곧장 경쟁 세계로 들어가 삭막해진다. 그것도 대개 뛰어난 아이 몇몇이 주도하고 나머지 아이들은 들러리나 서고 만다. 사회시간에 과제를 모둠마다 주었을 때 한두 아이가 조사, 정리, 기록, 사회, 발표를 다 해버리고 나머지 애들은 정리된 것 베끼기, 얌전히 앉아 있기, 발표 때 준비물 들고 서 있기 같은 걸로 주도와 종속 역할이 굳어져버렸다. 개별화될 대로 된 것이다. 차라리 그건 덜하다. 이기적으로 자기와 남을 분리하는 모습은 안타까울 정도다. 준비물을 함께 나누어 쓰는 일을 보기란 가뭄에 콩찾기였다 '도대체 무엇이 이 아이들을 이렇게 만들었을까?' 생각할수록 기가 막힌다.

이 아이들 하나하나가 자기 삶의 참된 주인으로 설 수 있게 돕는 방법은 없을까? 참된 자기 삶을 찾아 그것을 바탕으로 남을 향한 따뜻한 마음을 가지고 서로 어울려 평등한 공동체를 이루어 가려는 마음은 어떻게 생겨날까? 우리의 문제의식은 거기서 시작되었다. 자기 삶의 참다운 주인이 되어 공동체를 위해 자기를 내어놓게 하는 일. 개인의 자유로운 삶과 공동체의 평등한 구조를 조정하는 일. 이것이 '교육'이라는 과정을 통해 이뤄져야 하는 것임을 깨닫게 되었다. 우리는 이 문제의식을 교육과 사회를 보는 눈으로 삼고 있다. 개인에서 시작하여 공동체로 나아가는 과정을 교육의 핵심내용으로 본다. 여기서 자유와 평등을 조정하는 과정을 우리는 '자치'로 보며 여기서 조정의 가장 중요한 철학은 생명존중 사상이다. 민들레 학교는 이 자유와 평등과 생명존중의 바탕 위에서 싹 트는 자치와 상생의 공동체교육을 실현하고자 한다.

죽어가는 나무

을씨년스런 저녁바람을 온몸에 휘감은 채 우웅거리며 죽어가는 나무. 이제 곧 겨울이 오면 갈라진 땅 사이로 검은 뼈를 드러내며 마지막을 맞을 것이다. 새로운 봄이 온들 싹 돋지 못하고 새들 벌레들 품에 안지 못하리니. 이 모든 것 다 황폐한 땅, 어머니의 죽음에서 비롯되었다.

다시 말해 무엇하겠나 싶을 정도로 우리 학교교육의 현실은 죽어가는 나무 그 자체이다. 온갖 요란스런 실적물들이 철삿줄에 매달려 잎인 양, 꽃인 양, 탐스런 열매인 양 넘실대지만 가까이 가보라. 조금만 더 가까이. 오직 성공만을 향해 치닫는 미치광이들이 쉴새없이 저질러대는 거짓뿌렁 쇼쇼쇼를 볼 것이다.

공문 하나에 목숨거는 별볼일 없는 승진대기자들이, 부풀리고 덧씌워진 숫자로 꽉 채운 종이로 그 생생하던 나무 빈틈없이 도배질해 놓고선 끼리끼리 주고받는 속 빈 말들. '수고하셨어요.' '뭘요, 다 아이들을 위해서죠.' 이 좁은 땅에서 일 년이면 천 번 넘게 저들끼리 몰려다니며 연구공개, 수업공개, 연구수업, 수업연구, 공개수업… 같은 말 이리 엎고 저리 메치는 동안 결국 죽어나는 건 새로 돋는 싹들, 그 눈

망울 초롱하던 아이들뿐이다.

인간들의 고약한 취미 가운데 분재란 것이 있는데, 멀쩡한 나무를 철삿줄로 꽁꽁 묶어가며 이리 자라려는 줄기를 조리 비틀고 저리 뻗을 가지를 요리 꺾는 짓을 비싼 돈주고 좋아라 한다. (겨우겨우 목숨만 붙어 있는 그 나무들을 생각하면 말이 이렇게 험해진다.) 그런데 우리네 학교에서 아이들에게 하는 짓거리가 꼭 그 지경이 아닌가?

지금의 학교교육 체제는 그 바탕 자체가 전체주의다. 우리 학교에서 아이들은 마치 달걀판에 놓인 달걀과 같다. 달걀판에서 이 달걀과 저 달걀의 다른 점이 도대체 무엇인가? 작은 놈 큰 놈은 이미 서로 다른 판에서 다른 값이 매겨진 채 순전히 갯수로만 있을 뿐이다. 개체에 대한 배려가 빠진 전체에는 오직 숫자만이 있을 뿐, 개체에 대한 존중은 찾아볼 수 없다.

아이들 하나하나에 대한 존중은 전혀 고려되지 않는 교육. 이 나라 어디에서나 그 지역의 생활 모습과는 상관 없이 똑같은 교육과정과 교과서로 가르치고, 20평짜리 한 방에 36명(전국 평균)을 집어넣고선 교사 한 명이 교육하라는 것 하며, 9개 교과를 40분마다 딱딱 끊어가면서 도입 전개 결말 착착 맞추고, 일주일마다 수업시수 아구를 조금도 틀림없이 싹뚝 들이대며, 한 달마다 머리에 제대로 들어박혔나 시험지로 찍어눌러야만 직성이 풀리는 이 학교교육은 전체주의식 발상이 아니면 할 수 있는 일이 아니다.

이런 전체주의식 국가중심적인 발상을 버리지 못하는 이상, 학교교육은 언제까지고 아이들과 겉돌기만 하고 참된 삶에 이르는 길에서는 갈수록 멀어질 것이다. 그것은 분명하다. 지금 교육개혁을 큰 소리로 외쳐대고는 있지만 지금과 같은 틀을 버리지 않는 한, 딱 잘라 말하건대 안 된다. 절대로! 교육과정 결정권을 교육부에서 교육청으로, 다시 학교로 조금씩 넘겨준다고 해서, 학교운영위원회란 걸로 학부모와 지역사회의 참여를 끌어들인다고 해서, 자기 질서를 따라 쉴새없이 꿈틀대며 "나는 살아 있다!"고 몸으로 외치는 아이들 하나하나를 만나지는 못한다. 저 높은 곳에서 새로운 사고를 하는 교육개혁가들이 개혁안을 입안했는지는 모르지만 아무리 새롭고 좋은 것이라도 모두 고만고만한 소용돌이쯤으로 보고 쉬 잠재워버리는 이 썩은 물웅덩이에만 들어오면 '뭐 또 사람 귀찮게 하는 거야?' 몇 번 눈쌀 찌푸린 뒤에 쉬 없었던 게 되고 만다. 아무리 새롭고 좋은 것이라 한들… 공문서의 숫자만 맞으면, 보고서 매수만 많으면, 다 잘 된 것이다.

저 아이들을 보라. 죽어가는 아이들을. 자기가 누구인지도 모르고 남만 따라가는 저 불쌍한 아이들이 애처롭지 않은가? 자기 고집에 사로잡혀 있으면서 전혀 자기 삶의 주인으로 서지도 못하는 저 아이들을 보라. 참된 삶과는 아무런 상관이 없는 교육을 12년 넘게 받아온 결과, 쓸모없는 지식들로 머리는 꽉 찼어도 손발을 제대로 움직일 줄 모르며, 자신이 진정으로 바라는 것이 무엇인지도 모른 채 바쁘게 허둥대며 삶을 탕진하게 되는 아이들. 학교에서 배운 것이 아무 쓸모가 없는 이 사회, 쓸모없는 것만 죽어라고 가르치려드는 학교. 교사는 명령에 익숙해져 있고, 아이는 복종에 길들여져 있다. 아니면 빗나가든지. 부모는 무턱대고 학교를 맹신하고, 학교는 부모들의 호주머니를 노리고 있다. 동네 주민들은 학교 운동장도 마음대로 이용하지 못하고, 학교는 동네의 구체적인 삶의 현실에는 전혀 관심없다. 모두들 겉돌고 있는 것이다. 근본부터 잘못된 학교교육. 죽어가는 나무. 저 찬바람 소리.

삶과 앎이 하나되는 교육을 찾아나선 사람들

겉돌기만 하는 이 악순환을 끊어보자는 것이 우리 민들레만들래 사람들이나 이른바 대안교육을 꿈꾸는 사람들의 바람이다. 허망한 겉돌기에서 벗어나 참된 삶을 살려보자는 것이다. 죽어가는 나무가 보기싫어 도망가는 것이 아니라, 나무를 가꾸는 사람들이 제정신만 차리면 이렇게 잘 가꿀 수 있다는 걸 보여주기 위해 새로운 길을 찾아 도전하는 것이다.

우리에게 교육은 교육만이 아니다. 삶의 터전인 사회가 곧 학교이고, 앎과 삶이 하나됨을 그 바탕으로 삼고 있다. 아이 하나하나가 저마다 독특한 길을 자유롭게 걸어가게 돕는 곳으로 학교가 제자리를 찾을 수 있도록 본을 새로 만들어보자는 것이다. 진정한 대안교육은 이런 새로운 교육의 꿈을 실현시키려는 노력을 통해 교육뿐 아니라 사회 전체를 거듭나게 하는 더욱 적극적인 노력을 아우르지 않으면 안된다. 그러니까 '다른 교육'에 머무르는 것이 아니라 '새로운 사회'를 만들려는 노력을 함께 기울여야 한다.

이십 세기가 저무는 지금 국가교육이라는 공룡은 새로운 기상변화에 적응하지 못해 도태 위기를 맞고 있다. 새로운 기상변화 — 이데올로기 시대의 몰락, 정보통제와 독점을 아예 할 수 없게 만드는 통신혁명, 무엇보다 이제 더 이상 못 본 체할 수도 멈추게 할 수도 없는 환경파괴의 질주행렬, 그리고 한편에서 뒤늦긴 했지만 생태적 삶과 영성을 향한 대오각성의 물결, 활기를 더해가는 주민자치 공동체운동, 그에 따른 지역사회의 놀라운 성숙. 이 거대한 기상변화 속에서 굼뜨기 짝이 없는 국가교육 공룡이 살아나긴 틀린 일이다. 주라기가 끝나고 '주랄라기'가 오면 거대 생물의 시대는 물러가고 작고 적지만 저마다 지닌 멋을 뿜으며 살아가는 '작적멋'의 새로운 시대가 열리지 않을까? 그 새로운 시대의 교육은 어떤 모습일까. 새로운 시대를 예감하고 꾸어 오던 오랜 꿈. 이제 막 봉오리를 터뜨리는 눈들. 죽은 나뭇가지 끝에 돋는 새순.

새로운 대안학교를 만들겠다는 말은 크게 두 가지 의미를 가질 수 있다. 하나는 현재의 제도 학교를 좀더 새로운 모습으로 탈바꿈시켜 나가겠다는 뜻이 있고, 다른 하나는 지금의 제도권 학교와는 완전히 다른 새로운 학교를 만들겠다는 뜻이 있을 수 있다. (여기서 말하는 제도 학교는 초중등 12년의 교육부 정규 교육기관으로 한정한다.)

앞의 경우는 제도권 안에서 새롭게 시도하겠다는 것이고 뒤의 경우는 제도권 밖에서 그렇게 하겠다는 것이다. 그리고 이런 분류방식에서 벗어나는 형태로 제도교육이 감당해내지 못하는 부분을 보완하려는 제도 곁의 새로운 시도들이 있다. 어쨌건 제도 학교를 가운데 놓고, 안, 밖, 곁에서 새로운 모습의 학교를 만들어가는 노력을 들 수 있겠다. 이런 분류가 적절할지는 모르겠지만 그런대로 이쪽 흐름을 한 눈에 살펴보기에는 괜찮지 않을까 싶다. (이 흐름에 대한 더 자세한 소개는 '내일을 여는 책'에서 펴낸 《대안학교의 모델과 실천》에 나와 있다.)

제도 안의 새로운 시도들

제도 교육을 변화시키는 가장 현실성 있는 방법이면서 변화 속도가 더디다거나 제도와 타협해야 할 가능성을 어쩔 수 없이 지니게 되는 방법이다. 이들은 다양한 편차를 지니고 있지만 대체로 제도의 겉틀(학제, 교육과정과 교과서, 학교운영)은 그대로 유지하고, 가르치는 내용과 방식을 교육의 본질에 더 가깝게 하려고 노력한다. 하지만 교사는 참다운 가치관을 가지고 있음을 전제로 하고 있고, 아이들은 그 가치들을 교사에게 직접 배워야 하는 존재로 놓고 있는 교육관은 대체로 비슷한 것 같다.

아이들의 흥미와 개성을 매개로 하고 저마다 특성과 능력에 맞는 환경을 만들어 창의성과 사고력을 높임으로써 (적어도 우리나라에서는) 학습효과를 높이는 데 중점을 두고 있는 열린 교육. 애정과 신뢰가 없는 곳에는 통제와 훈련이 있을 뿐이며, 애정과 신뢰가 있을 때만 참다운 자율성 교육이 이루어질 수 있다는 믿음을 지닌 거창고등학교. 이에 비해 지역사회와 더욱 밀접한 관계를 맺고 있고 특히 농촌의 삶을 중시하며, 무두무미(머리도 꼬리도 없는)의 위대한 평민을 기르려고 하는 홍성의 풀무농업고등기술학교. 일반 제도학교에 적응하지 못하는 학생들이 모여들자 그 학생들을 위한 교육과정을 만들어 적용하고 있는 영광의 영산성지학교. 지금은 새로운 국면에 접어들었지만 주민이 함께하는 작은 학교상을 보여준 두밀학교 되찾기 운동. 지금 활발하게 일어서고 있는 광주 지역의 새로운 학교 세우기 운동. 참교육을 바라는 교사들이 주축이 된 전교조가 이제 막 시작한 새로운 학교 만들기 운동. 그리고 일단 계획으로는 바람직한 상을 제시한 정부의 교육개혁안. 이 모두가 제도 교육의 틀 안에서 일정한 정도의 영향력을 서로 주고받으며 교육을 정상으로, 아니면 더 바람직한 방향으로 이끌어가려고 노력하고 있다. 제도의 틀 안에서 하는 일인만큼 제약 속에 더딘 흐름으로 나아가고 있기는 하지만 이 나라 아이들 거의 대부분을 묶어두고 있는 현장을 변화시키는 것은 가장 보람되리라 생각된다.

제도 곁의 새로운 시도들

캠프와 비슷한 이 부류의 방식들을 새로운 시도라고 할 수 있는지 모르겠으나, 제도 교육이 놓치고 있는 부분, 또는 도저히 엄두를 내지 못하는 부분을 비교적 자유롭게 시도할 수 있다는 뜻에서 새롭다는 말이 통하지 않나 생각한다. 어떤 주제를 충분히 경험할 수 있게 한다든지, 아이에 대한 어른의 비율을 최대한 높이려 한다든지 하는 건 제도의 울타리 안에선 쉬운 일이 아니다. 물론 나름대로 한계를 지니고 있다. 일정 기간, 또는 긴 터울을 지닌 짧은 만남들로 지속성 있는 관계를 갖기 힘들다든지, 실제 삶과 진지하게 만나 뿌리깊은 변화를 함께 경험히기가 무척 힘들다는 점이다. 그러나 교사를 지식전달자로만 보지 않는 점에서 제도 안의 사람들보다 자신이나 아이에 대한 억압 정도는 훨씬 덜하다.

단순히 빈민지역 자녀의 방과후 활동을 배려하는 데서 한걸음 성큼 나서서 지역사회와 교육이 만나는 새로운 마당을 열어가려는 공부방 운동. 주말을 이용해 특별 활동이나, 자연탐사, 문화유산답사 같은 활동을 펼치는 주말학교 운동(교육민회의 '따로 또 같이 만드는' 따또학교, 민들레만들래의 한해학교, 부산의 창조학교, 울산의 역사학교 따위). 방학을 이용해 자연 속에서 공동체 생활을 하면서 삶과 앎의 조화를 찾으려는 계절학교 운동(서울·부산의 숲속학교, 서울의 자유학교 '물꼬', 부산의 한새학교, 양산의 청미래학교, 대구의 민들레만들래 계절동네 따위). 그리고 경계가 좀 애매하지만 공동육아협동조합 운동이 있다. 아이들을 닫힌 공간에 내맡겨둬서는 안되겠다고 깨달은 부모들이 협동하여 시작한 공동육아 운동은 나이나 장애의 벽을 넘어서고 생활과 상황 중심의 교육으로 아이들이 온전한 사람으로 자랄 수 있게 하려는 것이다.

이런 운동들은 교육전공자들만이 아니라 교육에 관심을 가진 일반인들의 참여가 무척 활발한 까닭에 부드러우면서도 강한 힘이 있고, 현실과 이상을 균형감 있게 다루고 있다.

제도 밖의 새로운 시도들

93년을 기점으로 새로운 시도가 눈에 띄기 시작하는데 이는 제도의 틀을 벗어 던져버리려는 시도이다. 변화를 요구하는 절박한 외침에 무디고 더딘 반응을 보이는 제도에 더 이상 미련 가질 필요가 없다고 판단하고 과감하게 새로운 영역으로 뛰어든 것이다. 이들은 참다운 삶에 바탕을 둔 근본 변화를 바라고 있다. 교육을 단순한 지식전달, 개성살리기의 도구로 보지 않는다. 생명과 자유와 자치의 존중, 자연생태계와 순환관계를 가진 공동체의 삶을 추구하는 것, 지역사회와 학교교육의 진정한 합일, 이러한 가치관들과 실제 삶의 일치, 먼저 사람답게 사는 모습을 보이려는 어른들의 노력을 중시하고 있다. 아이들에게 가르치려 들지만말고 그 전에 어른들이 먼저 본을 보이자는 것이다.

책으로 펴낸 《실험학교 이야기》를 현실에서 이루기 위해 변산반도에 자리잡고 뜻을 함께하는 이들과 공동체마을 만들기에 들어간 윤구병님이 중심이 된 공동체 마을학교(적절한 이름인지 모르겠음). 농촌의 생명가치와 공동체성을 회복하려면 그에 맞는 교육이 함께 이루어져야 한다고 믿는 양희규님이 뜻을 같이 하는 이들과 더불어 중등학생을 대상으로 한 새로운 학교를 여는 산청의 숲속마을 작은 학교. 지역자치를 기반으로 해서 자연, 자유, 자치라는 세 발 위에 자치공동체학교(민들레초등학교)를 세우려고 하는 대구의 민들레만들래. 그밖에도 조용하게 진행되는 여러 모임들이 있다. 이런 노력들은 단순히 제도를 뛰어넘으려는 것 이상이다. 나름대로 꿈꾸는 삶이 있고, 그 삶이 혼란 없이 이루어질 수 있는 사회를 그리고 있다. 그래서 자칫 현실도피의 이상주의자로 비치기 쉽지만 그이들이 바라는 사회의 공통점인 열린 공동체성으로 보아 걱정일 뿐이라고 본다.

이러한 분류는 제도교육을 경계로 나눠본 것인데 제도가 오히려 인간성을 무너뜨려가고 있다는 깨달음과 이를 이겨내지 않으면 사람답게 살 수 없으리라는 절박함이 강할수록 제도 밖으로 멀리 떨어지려 한다는 걸 볼 수 있다. 그러나 무작정 탈출이 아니다. 오히려 더욱 참된 빛, 그러니까 사람답게 사는 일, 정의롭고 생태적인 삶이 바른 삶이라는 그 빛을 따라 힘차게 달려가는 동안 어느새 죽음의 틀에서 멀어진 것뿐이다. 그렇다고 세 번째 길이 더 옳고 첫 번째 길은 덜 성숙했다는 식으로 보아서는 안 될 것이다. 존중. 이 시대를 살아가는 모든 사람들이 되찾아야 할 이 품성을 놓치지 말아야 한다. 서로의 길을 존중하고 저마다 지닌 독특한 걸음걸이와 빛깔에 적어도 내가 받고 싶은 점수만큼 점수를 줄 때 모두가 서로를 살리는 길 만들기를 시작할 수 있다.

스스로를 힘있게 세우는 자치와 서로를 따뜻하게 감싸안는 존중, 그래서 마침내 서로를 살리자는 것이 이들 운동의 방법이자 목적이다. 길이 곧 터인 것이다. 그리하여 마침내 이 땅의 막힌 숨통이 트이고 죽어가는 나무가 되살아나며, 그래서 아이들의 웃음이 살아나고 어른들도 더 이상 죄책감에 괴로워하지 않아도 될 그날을 위해 건배!

실천만이 살아남는다

우리는 더 이상 법과 정책, 제도가 먼저 바뀌기만 기다리고 있지는 않기로 했다. 법과 정책의 큰 변화를 요구하는 겉도는 목소리의 허무함을 알았고, 현장이 없는 연구, 사회 운동으로 뒷받침되지 않은 요구가 대부분 관료적인 요식 행위의 한 절차에 지나지 않는다는 사실도 경험했다. 이제는 진정한 변화를 이끌어낼 수 있는 참된 힘과 내용을 갖춘 변화의 조건을 만드는 일이 필요함을 알았다. 스스로의 힘으로 자치와 상생의 공동체 교육 터전을 만들고 서로의 기대와 가치관을 나누고 절충하며 함께 이끌어갈 수 있는 방식을 찾아내야 한다.

어쨌건 결국은 실천으로 살아남는 것이다. 갖가지 기발한 아이디어도, 그럴듯한 이상도 정작 실천하는 현실에 몸을 드러내지 않으면 그만이다. 온갖 요란한 말과 그럴듯한 생각들 모두 성실한 실천 앞에선 깨끗이 평정된다. 물론 실천의 결과가 항상 행복한 것만은 아니리라. 하지만 실천하는 사람의 자세가 겸손하다면 결과에 상관 없이 행복할 수 있지 않을까? 바꿔 말해 오직 결과 하나에만 목숨거는 오만함은 결과에 상관 없이 불행으로 이를 것이다.

　더구나 아이들을 만나는 우리는 오직 생각 깊은 실천으로만 가르칠 수 있을 뿐이다. 어른들의 겸손하고 성실한 실천을 보고 받는 감동으로 아이들은 참되게 성장한다. 물론 실천만이 다가 아니리라. 하지만 이제는 그렇게 하자. 마치 벙어리가 된 듯. (이 또한 말이지만.)

　하지만 이 한 가지만 덧붙이고 싶다. 묵묵히 실천을 하다보면 문득문득 스스로 답답함을 느끼게 된다. 남들이 잘 가지 않는 길을 가는 사람은 더욱 그럴 것이다. 새로운 길인 만큼 앞이 잘 보이지 않아 하루에도 몇번씩 넘어지고 자빠지게 된다. 이런 혼란 속에서 길을 잃지 않고 힘을 잃지 않으려면 무엇보다 영성을 일깨워야 하지 않을까? 우리의 모든 실천이 진리와 자유에 이를 수 있게 하는 길잡이는 깨어 있는 영성이라고 믿는다. 우리가 끝내 다다르고 싶어하는 것은 다른 무엇이 아니라 몸과 마음, 영혼마저도 온전한 그 무엇일 것이므로.

불복종 정신이 살아 있는 학교

양희규

새로운 학교가 시급하다

저는 고등학교 시절 제가 다니던 학교를 학교라 부르지 않고 '수용소'라 불렀습니다. 학교가 말 그대로 자유가 없고 사랑이 메마른 감방 같은 곳으로 여겨졌기 때문입니다. 고등학교를 졸업하면서 저는 제가 다녔던 그런 수용소 학교가 아니라, 학생들이 행복하고 기쁜 마음으로 다니는 새로운 학교를 반드시 세우리라 결심했습니다.

그후 이십 년 가까운 세월이 흘러 제 아이가 초등학교에 다니게 되었습니다. 저는 제 아이가 초등학교에 들어갈 무렵까지는 새로운 학교를 세워야겠다는 생각을 자주 해왔습니다. 그래서 일종의 책임감을 가

양희규 — 경남 산청의 산골에서 자립적인 생태 공동체를 만드는 한편, 새로운 학교를 꿈꾸는 사람들과 함께 '간디청소년학교'라는 작은 학교를 세우고 있다. 97년도부터 신입생을 받는다. 이 글은 《녹색평론》 25호에 실은 것을 다시 가다듬은 글이다.

지고 제 아이가 다니는 초등학교를 관찰해보았고 우리 나라 학교교육 전반의 모습 또한 많은 관심을 가지고 지켜보아 왔습니다. 그러나 제게는 오늘의 학교교육이 예전과 별로 달라진 것이 없어 보이며, 또 이러한 교육이 가까운 장래에 바뀔 것 같지도 않습니다. 그래서 저는 안타까운 심정으로 새로운 학교가 하루바삐 세워져야 한다는 생각을 더욱 굳게 했습니다.

저는 오늘의 학교교육이 많은 사람들이 지적하듯이, 교육에서 가장 기본이 되는 원칙들을 실현하는 데 실패하고 있다고 봅니다. 저는 여러 기본원칙들 가운데 두 가지 원칙, 곧 '사랑'의 원칙과 '자발성'의 원칙에 대해서만 간략히 말하겠습니다.

저는 무엇보다 교육은 사랑의 관계 속에서 이루어져야 한다고 믿습니다. 가르치는 이와 배우는 이 사이에 애정에 기초한 관계가 이루어져야 한다는 것이지요. 사랑은 서로에 대한 믿음, 서로의 행복과 기쁨을 비는 순수한 기도와 축복, 그리고 그것을 위한 노력을 뜻합니다. 또한 모든 가르침과 배움은 자발성을 가질 때만 그 가치가 있다고 봅니다. 강제로 마지못해 이루어지는 가르침이나 배움은 결코 기쁨을 낳지 못하고 오히려 불행과 고통을 가져오기 때문입니다. 순수한 자발성은 진정한 자아의 표현이며 곧 자기 자신의 참모습을 뜻합니다.

이러한 사랑과 자발성은 서로 뗄래야 뗄 수 없는 관계입니다. 사랑에 기초한 교육은 결코 강요되거나 주입되는 것이 아니라 오직 자발성을 전제로 이루어지는 것이고, 자발성에 기초한 교육은 사랑과 신뢰의 관계 속에서만 이루어질 수 있기 때문입니다. 교사와 학생 사이에 사랑과 신뢰의 관계가 맺어지고 배움과 가르침이 순수한 자발성 위에서 이루어질 때에 비로소 참교육이 가능할 것입니다.

이런 기준에서 볼 때, 오늘의 학교는 사랑과 자발성의 공동체가 되기에는 매우 어려운 실정입니다. 이것은 학교의 선생님들과 학생들을 관찰해보면 쉽게 알 수 있습니다. 교사와 학생은 서로를 비추는 거울이니까요. 오늘날 교사들 대부분은 좌절과 체념에 빠져 있습니다. 교사들은 과중한 수업으로 인간녹음기처럼 되고, 정부의 시녀 노릇일 뿐인 잡다한 업무로 너무나 지쳐 있으며, 비민주적이고 지시 일변도 학교운영 때문에 자율성과 긍지가 여지없이 박살나고 있습니다. 너무 많은 학생들을 맡은 탓에 인간적인 교류를 하고 싶어도 할 수 없는 데서 오는 무기력감 또한 큽니다. 게다가 교사를 대학입학 제조기쯤으로 보는 학부모들은 그나마 남아 있는 모든 힘을 앗아가버립니다. 이러한 교육환경 속에서 사랑의 능력을 잃어버린, 피곤하고 지친 영혼이 어찌 다른 영혼을 배움의 길로 이끌 수 있겠습니까?

새로운 학교의 구상

새로운 학교의 모습은 교사와 학생의 분명한 구분이 없고 누구나 교사가 되기도 하고 또한 학생이 되기도 하는 공동사회일 것입니다. 그러나 가장 중요한 것은 교사와 학생의 역할이 분명히 구분되어 있건 되어 있지 않건, 배우고 가르치는 활동 속에 사랑과 신뢰, 기쁨과 자발성이 충만한가 아닌가일 것입니다. 그래서 원칙론으로 말하자면 학교의 겉모양이나 틀이 어떠하든 그 속에 사랑과 자발성이 충만하다면 새로운 학교로서의 가치를 가진다고 해야 할 것입니다.

그러나 우리는 이러한 새로운 학교의 더욱 구체적인 모습을 그려보고 싶습니다. 어떻게 그려볼 수 있을까요? 저는 여기서 특이한 새로운 학교의 모델을 소개하기보다는 새로운 학교들이 가져야 할 특성 몇 가지만 생각해보고자 합니다.

작은 학교

새로운 학교는 기존의 대중교육기관들과는 달리 대체로 '작은 학교'여야 할 것 같습니다. 다시 말해 전체 학생 수가 몇천 명이 아니라 몇십 명 정도면 좋을 듯합니다. 교사의 수는 학교 성격에 따라 다르겠지만 정교사 3-5명과 몇 명의 외부강사면 될 듯합니다. 작은 학교라는 특성은 교사와 학생, 그리고 학부모 사이에 하나의 가족과 같은 유대를 이룰 수 있게 하고 따라서 사랑과 자발성이 쉽게 꽃피도록 합니다. 저는 우리 학부모들이 열 가정이나 스무 가정 단위로 집에서나 작은 건물을 빌려서 얼마든지 이런 작은 학교를 시작할 수 있다고 믿습니다.

불복종의 정신이 살아 있는 학교

새로운 학교는 기존교육을 용납할 수 없다는 강한 신념에서 시작해야 하며 저는 이러한 정신을 '불복종의 정신'이라 부릅니다. "세대를 본받지 말라"는 성서 구절은 바로 새로운 학교의 철학을 잘 표현하고 있습니다. 새로운 학교는 오늘의 기존학교들이 대학입학을 준비하는 곳이나 지배 이데올로기 학습장으로 전락해 있는 것에 그저 복종하지 않고, 불복종의 정신으로 새로운 문화를 건설해가고자 하는 사람에 의해서만 탄생할 수 있습니다. 저는 이러한 위대한 불복종의 정신을 지닌 분만이 새로운 학교를 세우리라고 봅니다.

쓸모 있는 교육

오늘의 학교교육이 크게 잘못된 이유들 가운데 하나는 무엇보다도 그 긴 시간을 보내고서도 얻는 것이 너무 없다는 것입니다. 솔직히 저는 24년(초등학교부터 박사학위 취득까지)을 바쳐 열심히 학교교육을 받았지만 아직도 제 힘으로 먹을 것을 지을 줄 모르며 살아갈 집을 수리할 수 있는 능력조차 배우지 못했다는 데 많은 후회와 부끄러움을 느낍니다. 새로운 학교는 한 사람이 독립되고 자족하는 인간으로 떳떳이 살아가는 데 정말 필요한 것들을 가르쳐야 할 것입니다. 그래야만 타협하지 않고 자신을 지키며 살아갈 수 있기 때문입니다.

탁월성을 살리는 교육

교육은 '훈련'과 다릅니다. 오늘의 제도교육은 획일적이고도 일방적인 점에서 군사훈련과 매우 비슷합니다. 때로는 그보다 더 잔인하기까지 합니다. 그렇기 때문에 많은 학생들이 자살이라는 극단의 길을 택하는 것입니다. 새로운 학교는 학생들의 개성과 잠재력을 무엇보다도 존중해야 할 것입니다. 훈련이란 미리 주어진 목표를 향해 매진하는 것을 말합니다. 그런 방법으로는 어떠한 교육성과도 낳을 수 없다고 봅니다. 새로운 학교는 자아의 진정한 표현, 활짝 편 개성, 자신의 고유한 잠재력 속에서 탁월성을 찾으며, 그것에 맞는 교육방식들을 끊임없이 실험해갈 것입니다. 새로운 교재와 수업방식을 탐구하는 데 힘을 쏟을 것입니다.

새로운 학교의 모델

저희가 만들고 있는 새로운 학교를 교육목표, 교과내용, 교육방식의 세 측면에서 간략하게 소개하겠습니다.

첫째, 교육 목표는 몸과 마음과 영혼이 골고루 성숙하고 조화를 이룬 인간, 이웃과 협동하고 이웃을 사랑하는 인간, 자연을 아끼고 자연의 일부가 되어 살아가는 인간을 기르는 데 있다고 요약할 수 있습니다. 이것을 단순히 이론으로만 추구하는 것이 아니라 삶 속에서, 삶을 혁명적으로 새롭게 시작하는 데서 추구해나갈 때 이러한 우리의 교육목표, 곧 자기를 온전히 살리는 삶, 이웃과 더불어 사는 삶, 자연과 더불어 사는 삶이 실현될 수 있다고 봅니다.

이것을 이루려면 그에 맞는 교육내용과 교육방식이 있어야 할 것입니다. 먼저, 교육내용에 관해 말하자면 수업시간의 절반 정도는 일반학교에서 가르치는 지식교육, 예를 들어 언어(국어와 외국어), 역사, 지리, 자연과학, 수학 같은 과목들에 할애할 것입니다. 그리고 나머지 절반은 일반학교에서 등한히 하는 감성교육과 노동을 통한 의식주 해결 교육에 쓸 것입니다. 감성교육은 합창이나 연극 같은 예술활동을 예로 들 수 있고, 노동교육은 음식만들기, 옷만들기, 집짓기, 텃밭가꾸기를 포함할 것입니다. 감성교육과 노동교육은 두말할 것도 없고, 지식교육에서조차 새로운 학교와 기존학교는 비록 형식상의 과목이 같다 하더라도 실제 교육내용에서는 큰 차이를 보일 것입니다.

새로운 학교의 교육방식은 지식을 주는 자와 받는 자가 엄격히 분리된 것이 아니라 지식을 함께 탐구해나가는 '살아 있는 활동'이라는 관점에 서 있습니다. 따라서 함께 하는 활동으로서의 교육은 학생들을 바보로 만들고 창의성을 말살하는 주입식 교육을 무엇보다도 경계합니다. 학생들이 교육의 주체가 되어 연구하고 글을 쓰고 발표하며 토론하는 방식을 강조할 것입니다. 교사들은 학생들을 격려하고 방향을 제시해준다는 점에서 여전히 교육을 이끌어간다고 말할 수 있지만 교사도 하나의 참여자임에는 틀림없습니다. 그래서 이러한 교육방식은 교사가 미리 준비한 교재로 기계처럼 학습내용을 전달하는 것이 아니라, 학생과 학생, 학생과 교사 사이에서 일어나는 살아 있는 교감의 자연스런 과정에 이끌려 스스로 무엇이든 발견하게 해줄 것입니다.

교사가(때로는 학생들이) 제시한 주제들을 스스로 연구해서 글이나 말로 발표하며 열띤 토론을 벌이는 식으로 이루어지는 교육방식은, 하루 4시간 수업만으로도 주입식 단순 전달식으로 하는 10시간 수업보다 훨씬 큰 성과를 거두리라고 저는 확신합니다. 학생이 어떤 주제에 관심을 갖고서 깊이 생각해보고 글로 정리해 다른 사람들 앞에서 발표하고, 또 다른 학생들이나 교사의 평가와 비판을 받으면서 토론하는 가운데 자신이 연구한 것을 가다듬으면서 얻게 될 지식은, 단순히 교사에게서 듣기만 하고 머릿속에 집어넣어 얻게 되는 지식과 비교가 되지 않을 것은 명백합니다. 너무나 당연한 이런 이야기들이 오히려 특별하게 보이게 된 게 오늘의 교육현실입니다. 오랜 시간 생각하고 연구해서 제대로 그 원리를 터득한 지식만이 두고두고 실제 삶에서(대학 입시에서조차) 쓸모가 있다는 것을 늘 느끼면서 저는 살아가고 있습니다. 어쩌면 진정한 교육에서 필요한 것은 생각을 충분히 할 수 있는 이런 여유를 학생들에게 주는 것인지도 모릅니다. 그래서 지식 교육이 적은 데 대해 섣불리 조급해할 필요는 없다고 봅니다.

함께 만드는 학교

새로운 학교의 실험들이 최근 우리 나라에서도 이곳저곳에서 방학 기간을 이용한 캠프와 주말학교, 또는 방과 후 프로그램 같은 다양한 형태로 나타나고 있습니다. 이러한 시도들은 기존교육의 문제점을 보완하려는 것뿐만 아니라 기존교육에 대한 대안을 모색하는 것으로서 매우 중요한 의미를 가진다고 봅니다.

하지만 이러한 훌륭한 시도들이 아직 새로운 학교로 꽃피지 못하고 있는 것이 안타깝기만 합니다. 그 직접적인 이유는 현행 사립학교법이 작은 학교를 용납하지 않기 때문인 것으로 알고 있습니다. 물론 이러한 사립학교법은 반드시 고쳐야 합니다. 그러나 입시위주 교육이 갖는 위험성과 광란성을 직시하는 사람이라면 사립학교법을 고치는 것도 중요하지만 현행법의 테두리 밖에서라도 더 지체없이 당장에 새로운 학교가 세워져야 한다는 데 누구나 동의할 것이라고 봅니다. '입시 위주의 미친 교육에서 헤어나는 길은 없을까?' '명문대에 들어가지 못하는 사람은 스스로나 다른 사람에게 별볼일없는 사람으로 여겨지는 풍토를 어떻게 할까?' '대학을 나오지 않아도 당당하게 살아가도록 만들어주는 교육은 없을까?' 하는 무수한 고민이 이제 더 이상 고민으로만 머물러서는 안될 것입니다.

모든 학교는 학생들의 기쁨과 행복을 위해 있어야 합니다. 부모들이 참으로 아이들의 기쁨과 행복과 올바른 성장을 바란다면 무엇보다도 아이들 교육에 직접 뛰어들어야 합니다. 아이들의 성적을 걱정하며 안달복달하는 그런 교육열이 아니라 무엇이 올바른 교육이며 그런 교육을 위해서 무엇을 해야하는지를 고민해야 합니다. 그리고 저마다 할 수 있는 작은 일들을 하나 하나 실천해나가야 한다고 믿습니다.

제게는 올해 초등학교에 입학한 딸아이가 하나 있습니다. 매우 추웠던 입학식 날 아무것도 하는 것 없이 어린아이들을 두 시간이 넘도록 운동장에 세워두는 광경을 보면서, 날마다 별 의미 없는 과제물을 끙끙대며 푸는 모습을 보면서, 풀 한 포기 없이 모래만 날리는 삭막한 운동장에서 뛰노는 모습을 보면서, 수업 후 빙과류나 과자에서 위안을 얻는 모습을 보면서 저는 늘 무거운 마음과 죄책감을 떨쳐버릴 수가 없습니다. 새로운 학교는 그래서 아이들에게 책임감을 느끼는 어른들의 피할 수 없는 숙제라고 봅니다.

3

아이들은 스스로 배운다

라다크 아이들의 어제와 오늘
녹색교육
아이들은 스스로 배운다
고향을 등지게 만드는 교육
경제가 성장할수록 불행해지는 아이들
일하기와 교육
아이들을 건강한 파괴자로 길러야 한다

라다크 아이들의 어제와 오늘

헬레나 노르베리-호지

알더라도 남에게 물어보는 것이 낫다.
— 라다크 속담

진정한 교육, 곧 우리를 둘러싼 세계와 자신에 대한 앎을 깊고 풍부하게 하는 일의 가치는 아무도 부정할 수 없을 것이다. 그러나 오늘날 교육은 아주 다른 것이 되어버렸다. 교육은 아이들을 서구화된 도시환경 속에서 좁은 분야의 전문가가 되도록 훈련시키면서 그들의 문화와 자연으로부터 떼어놓았다. 이런 과정은 라다크에서 특히 뚜렷해서 현대교육은 아이들이 자기들의 주위상황을 거의 보지 못하도록 하는 눈가리개 노릇을 하고 있다. 아이들은 자기들의 자원을 사용할 줄 모르

헬레나 노르베리-호지(Helena Norberg-Hodge) — 스웨덴 출신 언어학자이자 녹색운동가. 1975년에 인도 북부의 라다크 지방을 처음 방문하고부터 16년에 걸친 현지 체험을 바탕으로 《오래된 미래-라다크로부터 배운다》라는 책을 썼다. 녹색평론사에서 번역해서 펴낸 이 책은 히말라야 고원에 자리잡은 유서깊은 한 공동체에 대한 생생한 현장보고와 근대화 과정에 대한 비판적인 분석으로 오늘날 인류사회 전체가 맞닥뜨린 위기의 본질을 명료하게 묘사하여 이미 이 분야의 고전적인 필독서로 알려져 있다. 여기에 발췌해서 소개하는 글은 개방과 근대화 과정이 라다크 사회를 왜곡시켜가는 과정을 교육의 관점에서 잘 보여주고 있다.

고, 자기 세계에서 제 기능을 할 수 없는 사람으로 학교를 마친다.

　승원의 종교적인 수련 말고는 라다크의 전통문화에서 '교육'이라고 부르는 분리된 과정이 없었다. 교육은 공동체와 환경과의 긴밀한 관계의 산물이었다. 아이들은 조부모, 가족, 친구들에게서 배웠다. 예를 들어, 씨뿌리기를 거들면서 아이들은 마을 한쪽은 조금 덥고 다른 쪽은 조금 선선하다는 것을 알게 된다. 아이들은 경험으로 보리의 다양한 품종들을 구별하고 품종마다 좋아하는 특정한 성장조건을 알게 된다. 아이들은 아주 조그만 야생식물도 알아보고 이용하는 법을 배우고 또 멀리 떨어진 산허리에 있는 짐승을 가려낼 줄도 알게 된다. 관계·과정·변화에 대해 배우고, 주변 자연세계가 변화하는 관계의 복잡한 그물에 대해서 배웠다.

　세대를 거듭하면서 라다크 사람들은 스스로 옷과 거처를 마련하는 방법, 즉 야크 가죽으로 신발을 만들고 양털로 옷을 만드는 방법, 진흙과 돌로 집을 짓는 방법을 배우면서 자랐다. 교육은 지역마다 특성이 있었고 살아 있는 세계와 친밀한 관계를 갖게 했다. 교육은 아이들에게, 나이가 들어서 자원을 효과적이고도 지속가능한 방법으로 사용하도록 하는 직관적인 깨달음을 주었다.

　그러한 지식 가운데 어떤 것도 현대의 학교는 제공하지 않는다. 아이들은 생태적이 아닌 기술중심 사회에서 전문가가 되도록 훈련을 받는다. 학교는 전통 기술을 잊어버리는 곳이고 더 나쁘게는 그 기술들을 경멸하는 곳이다.

　서구 교육은 1970년대에 라다크의 마을들에 들어와서 오늘날 약 200개쯤 학교가 있다. 기본 교과과정은 인도의 다른 지역에서 가르치는 것을 어설프게 흉내낸 것으로, 또한 영국 교육의 어설픈 모방이다. 라다크의 것은 거의 아무것도 없다. 한번은 레에서 어느 교실에 가 보았을 때 교과서에 런던이나 뉴욕에 살고 있는 듯한 아이의 침실 그림이 있는 것을 보았다. 그림에는 깔끔하게 접힌 손수건 무더기가 기둥 달린 침대 위에 놓여 있고 그 손수건들을 화려한 옷장의 어느 서랍에 넣을 것인가에 대한 지시가 있었다. 소남의 여동생이 보는 교과서도 마찬가지로 불합리하고 적절치 못했다. 한번은 숙제로, 기울어진 피사탑과 땅이 이루는 투사각을 계산하는 문제가 있었다. 또 한번은 《일리아드》의 영어번역을 가지고 고생을 하고 있었다.

라다크 아이들이 학교에서 배우는 대부분의 기술이 그 아이들에게 정말로 쓸모가 있는 일은 없을 것이다. 라다크 아이들이 받는 교육은 뉴욕 아이들에게나 알맞은 교육의 빈약한 변형이다. 그 아이들은, 라다크에 발을 들여놓은 일도 없고 1만 2,000피트(약 3,600m) 고도에서 보리를 키우는 일이나 햇볕에 말린 벽돌로 집을 짓는 일에 관해 아무것도 모르는 사람들이 쓴 책으로 공부를 한다.

오늘날 세계 구석구석에서 '교육'이라고 부르는 과정은 똑같은 가정(假定)과 똑같은 유럽중심 모델에 기초를 두고 있다. 보편적인 지식이라는 동떨어진 사실과 수치에 초점이 맞추어져 있다. 책들은 지구 전체에 적합한 것으로 의도된 정보를 전파한다. 그러나 구체적인 생태계나 문화와는 동떨어진 지식만이 보편적으로 적용될 수 있는 것이므로 아이들이 배우는 것은 본질적으로 합성된 것이고 삶의 맥락에서 유리된 것이다. 그 아이들이 계속해서 고등교육을 받으면 아마도 집짓는 것에 대해 배울 것이다. 그러나 그 집은 콘크리트와 철근으로 만들어진 보편적인 상자일 것이다. 마찬가지로 농업을 공부한다면 산업농에 대해 배울 것이다. 화학비료와 살충제, 대규모 기계와 교배종 씨앗 따위를 배우게 될 것이다. 서구의 교육체계는 온 세계 사람들에게 자신의 환경에서 나오는 자원을 무시하고 똑같은 자원을 사용하도록 가르침으로써 우리 모두를 더 빈곤하게 만들고 있다. 이런 식으로 교육은 인위적인 결핍을 만들어내고 경쟁을 불러일으킨다.

라다크에서 이러한 과정을 보여주는 가장 명백한 예를 들자면 야크와 그 지역 교배종들이 저어지 암소로 대체되고 있는 방식이다. 야크는 전통 경제에서 중요한 존재이다. 그 지역의 환경에 완벽하게 적응한 동물로서 1만 6,000피트(약 4,800m)나 더 높은 고도의 빙하 부근에 머물러 있기를 실제로 더 좋아한다. 야크는 먼 거리를 다니고, 가파른 비탈을 오르내리면서 풀을 뜯고, 이 척박한 지역에 드문드문 자라는 식물을 먹고 잘 살아간다. 긴 털은 추위를 막아주고, 또 거대한 몸집을 갖고도 삐죽삐죽한 바위 위에서 우아하게 균형을 잡을 수 있다. 야크는 연료, 고기, 노동력, 그리고 담요를 짜는 털을 제공한다. 또한 암컷은 양은 많지 않아도 짙고 영양이 풍부한 젖을 하루 평균 3리터씩 내놓는다.

현대의 사고방식으로 보면 야크는 '비효율적'이다. 서구식 교육을 받은 농업전문가는 그것을 비웃는 경향이 있다. "야크 암컷은 하루에 겨우 젖을 3리터밖에 내놓지 않아요. 우리에게 필요한 것은 저어지 암소입니다. 그놈은 하루에 30리터를 주거든요." 하고 말한다. 전문가들이 받은 교육은 더욱 넓은 문화, 경제, 생태 조건을 인식하지 못하게 한다. 야크는 드넓은 지역에서 풀을 뜯어먹으면서 에너지를 모은다.

그 에너지는 연료뿐만 아니라 음식, 의복, 노동력의 형태로 결국 사람이 사용하게 되는 에너지이다. 저지 암소는 그와 대조적으로 1만 6,000피트 높이에서 생존하는 것은 고사하고 그곳까지 걸어 올라가지도 못하며 사람들이 사는 곳인 1만이나 1만 1,000피트 고도에 있어야 하고 특별한 거처도 있어야 한다. 또 따로 재배한 사료를 우리 안에서 먹여야 한다.

현대 교육은 지역 자원을 무시할 뿐 아니라 더욱 나쁘게는 라다크 아이들에게 자신과 자신의 문화를 열등한 것으로 생각하게 만든다. 아이들은 자부심을 빼앗겼다. 학교의 모든 것은 서구 모델을 장려하고, 그 직접적인 결과로 아이들이 자신들의 전통을 부끄럽게 여기게 만든다.

1986년에 학생들에게 2000년의 라다크를 상상해보라고 했더니 한 여자아이는 이렇게 썼다. "1974년 전에는 라다크가 세상에 알려지지 않았다. 사람들은 개화되지 않았다. 사람들은 누구나 얼굴에 웃음을 띄고 있었다. 사람들은 돈이 필요하지 않았고 가지고 있는 것이 충분했다." 또 다른 글에서는 한 아이가 "사람들은 자기들 노래는 부끄러운 듯이 부르지만 영어나 힌두어 노래는 아주 신나게 부른다. ……요즈음 우리는 많은 사람들이 우리 전통 옷을 입지 않는 것을 본다. 아마 창피하게 생각하는 듯하다."라고 썼다.

교육이 사람들을 농업에서 끌어내어 도시로 부르고, 도시에서 사람들은 현금경제에 의존하게 된다. 전통적인 라다크에서는 실업이라는 것이 없었다. 그러나 지금은 주로 정부에 있는 아주 제한된 일자리를 놓고 치열한 경쟁이 벌어지고 있다. 그리하여 실업은 이미 심각한 문제이다. 현대 교육은 글을 읽고 수를 깨친 사람의 비율을 높인 것 같은 명백한 이점을 가져왔고 또 라다크 사람들에게 바깥세상에 대한 좀더 많은 지식을 갖게 해주었다. 그러나 그렇게 하면서 교육은 라다크 사람들을 서로서로에게서, 그리고 땅으로부터 멀어지게 했고, 그이들을 세계경제라는 사다리의 맨 아래칸에 자리잡게 했다.

녹색교육

데이비드 오어

우리 시대는 역설의 시대다. 우리는 지난 어느 때보다도 자연에 대한 통제력을 더 많이 갖고 있지만 그 통제력은 오히려 인류역사에 일찍이 없었던 위험을 만들어냈다. 또한 지식이 기하급수로 늘어나면서 우리는 허무주의와 소비주의, 마약과 폭력이라는 온 세계를 휩쓰는 물결 속에 잠겨버렸다. 20세기에 세계경제는 거의 1,300퍼센트나 성장했지만 빈부 격차는 갈수록 커지고 있다. 우리 시대의 이러한 역설들이 말해주는 것은 자연을 통제함으로써 인간의 운명을 개선하겠다는 근대 기획이, 처음 주창자들이 한때 생각했던 것처럼 실제로 성공적으로 실현되지는 못했다는 사실이다. 뿐만 아니라 경제성장을 통한 세계

데이비드 오어(David Orr) ― 미국 오하이오주 오벌린대학 환경학교수. 에콜로지와 교육의 관계에 대한 저술로 《Ecological Literacy 생태적 해독력》(뉴욕주립대학출판부, 1992년)이 있다. 이 글은 영국 브리스톨에서 연례행사로 열리는 슈마허 기념강연에서 한 연설문을 옮긴 것인데, 출전은 《Resurgence》 1995년 5-6월호이다. 《녹색평론》 23호에 실린 글이다.

의 개선이라는 기획도 이 '미국중심' 시대인 20세기 중엽에 한때 생각했던 것처럼 지속가능한 것으로 드러나지는 않았다.

이제 우리는 전지구적인 비상사태의 초기단계에 있는데, 비상사태의 여러 국면들은 잘 알려져 있다. 인구성장, 오존층구멍, 확산되는 사막, 삼림벌채, 종의 소멸, 급속한 기후변화, 세계적 전염병들 말이다. 이러한 것들은 또 정치, 경제, 사회를 통해 영향을 미친다. 그러나 이러한 위기에 직면하여 우리가 맨 먼저 느끼는 충동은 또 다른 기술적인 봉합을 꾀하려는 것이다. 그리하여 현실의 긴급한 요구라는 이름 아래 우리는 천사들이 가기를 두려워하는 곳으로 가는 것이다. 그 길은 결국 어디로 가는가?

예를 들어, '인공지능'을 만들어내려는 노력의 방향을 묘사하면서 다니엘 크레비어는 말한다. "멀리 내다볼 때 인공지능은 엄청나게 위협적이다. 그 기계들은 마침내 인간의 지능을 앞지를 것이며, 우리가 기계를 통제할 수는 없게 될 것이다. 그 기계들이 제자리를 지키게 한다는 것은 불가능할 것이다 인공지능 시대에 살아남기 위해서 인간사회는 근본적인 변화를 겪어야 할 것이다. 인공지능의 출현은 우리가 아는 사람다운 삶의 존재 자체를 위협할 것이다. 다가오는 세기의 주된 투쟁은 지구의 미래를 다룰 존재가 우리들일지 아니면 그 기계들일지에 관한 것으로 보아야 한다."

진보라는 것이 기계가 사람을 대신하는 것이라고 누가 결정했는가? '사회가 근본적인 변화를 겪어야 한다고' 누가 정했는가? 언제 그런 것들이 우리 민주주의 속에서, 또는 우리 대학에서 토론되었는가? 우리는 결과를 예측할 수 없는 유전자연구에 대해서도 말할 수 있고, 또 그 개발자들도 시인하듯이 '극미기술(Nanotechnologies)'은 핵무기보다도 더 위험한 것일 수 있다는 점도 말할 수 있다.

그러나 논점은 분명하다. 오직 더욱 깊고 철저한 변화를 통해서만 해결할 수 있는 것을 우리는 지금 기술적인 응급조처로 해결하려고 하는 것이다. 바쓸라프 하벨의 말을 인용한다면 "우리는 기술의 치명적 결과를 마치 기술만으로 치유될 수 있는 기술 결함인 것처럼 다룬다. 우리는 객관주의 위기에서 벗어나는 객관적 방식을 찾고 있다. 지금까지 이어진 근대적 세계관 속에서 이 체제가 빚어온 재앙을 제거할 수 있는 체제를 고안해낼 수는 없다. 세계란 단순히 풀어야 할 수수께끼이며, 그 사용법의 해독을 기다리고 있는 기계라고 보는 교만한 믿음을 우리는 이제 포기해야 한다."

하벨은 옳다. 우리들 주위에 지금 전개되고 있는 전지구의 비상사태는, 물론 거기에 기술적인 국면이 없는 것은 아니지만 결코 기술의 위기가 아니다. 그것은 무엇보다도 사고와 가치의 위기, 지각과 사상과 판단의 위기다. 다른 말로 하면 마음의 위기이며, 따라서 마음을 개선하기 위해 있는 기구 — 교육의 위기다. 이것은 교육에 일어난 한 가지 위기가 아니라 교육 자체의 위기이다.

인류의 전망이 이처럼 불투명해져가는 데 대해 교육기관들은 어떻게 반응해왔는가? 다트머스대학 교수 노엘 페린은 '대부분의 대학은 마치 아무런 일도 없다는 듯이 행동하고 있다."고 말한다. 예일대학의 사학자 야로슬라브 펠리칸은 한걸음 더 나아가서 도대체 고등교육기관들이 '우리 앞선 세대들이 지구에 대한 지배력을 장악하는 데 보여

준 것에 버금갈 만한 열정과 재간을 가지고 지구를 보호해야 할 도덕적 지적 책임을 느끼거나 할 것인지'를 묻고 있다.

이제 돌이킬 수 없는 파멸적인 재앙을 막아내는 데 오직 몇십 년밖에 남아 있지 않다는 증거들이 헤아릴 수 없는데도 대학들은 지속가능하고 건강한 공동체 속에서의 장기적인 성공이 아니라 수탈경제 속에서의 단기적인 성공을 위해 젊은이들을 교육시키고 있다. 분명한 사실은 지금 우리에게 닥친 비상사태는 교육받지 못한 사람들의 잘못이 아니라 우리가 가장 자랑하는 교육기관들에서 훌륭히 교육을 받고 학위를 딴 사람들의 잘못이라는 것이다.

철저한 개혁이 요구되는데도 우리는 변죽만 울려왔다. 컴퓨터와 몇몇 강좌와 새로운 프로그램을 빼면 1990년대 교과과정은 1950년대 교과과정과 별로 다를 것이 없다. 전체로 볼 때, 고등교육은 인간생존이라는 근본 문제를 '열정과 재간'을 갖고 다루어오지 못했다. 이 문제에 대해 좀더 적절한 반응이 이루어졌더라면 교수진과 행정책임자들은 그동안 말없이 받아들여져온 다음과 같은 기본가정에 도전했을 것이다.

- 지식은 어디서나 한 가지이므로 추상적인 지식이 실제적이고 지역적이거나 토착적인 지식보다 더 중요하다.
- 고도기술이 단순한 기술보다 더 낫다.
- 신체적 기술은 지적 기술과 별개이며 덜 중요하다.
- 성공이란 현금경제에서 승리하는 것이다. 따라서 '우리'보다 '내'가 앞선다.

- 자기만족은 자기부정보다 더 바람직스럽다.
- 세계를 움직이는 원리는 경쟁이다. 따라서 젊은이는 협력보다 경쟁력을 갖추어야 한다.
- 농촌적인 것보다 도시적인 것이 더 낫다. 그러므로 농촌지역이 쓸모있다면 도시를 위해 값싼 자원과 노동력과 토지를 제공하기 때문이다.
- 교육의 목표는 자연을 완전히 지배하려는 성장경제에 젊은이들이 봉사하도록 하는 데 있다.

고등교육 문제는 서구문명 자체처럼 하벨이 말하는 객관주의의 위기에 뿌리를 두고 있다. 진정한 변혁은 현대 교육과정 속에 뿌리박혀 있는 교만과 생태적 야만주의를 척결할 것을 요구한다.

대학이 전지구의 위기에 '열정과 재간'을 갖고 반응한다는 것은 무엇을 뜻하는가? 하벨이 말하는 객관주의의 위기에 교육자들과 교육기관들이 올바르게 대응한다는 것은 무엇을 뜻하는가? 첫째로, 교육기관들의 운영 방식에, 또 그 기관들이 자금을 투자하는 방식에서 뚜렷하고도 중요한 변화가 일어난다는 것을 뜻한다. 그리고 이러한 변화를 넘어서 좀 다르고도 더 어려운 변화, 즉 교과과정과 교육방향에서 변화가 일어난다는 것을 뜻한다.

생태적인 쇠퇴과정을 멈추게 하고 그것을 되돌려놓기 위해 젊은이들은 무엇을 알 필요가 있는가? 앞으로 닥칠 위험한 시대를 맞아 젊은이들이 갖추고 있어야 할 마음과 인격은 어떤 것인가? 복잡성 가운데서 의미를 발견하고 더해가는 혼란 속에서 나아갈 길을 발견하려면 젊은이들에게 어떤 분석능력과 실제적인 기술이 필요한가? 이것은 쉽게 답변할 수 없는 어려운 질문들이다. 그러나 내가 확신을 갖고 말할 수 있는 것은 앞으로의 세대들은 지금까지 어떤 세대가 부딪쳤던 것보다 더 가혹한 지적, 도덕적, 인격적 시련을 겪을 것이라는 사실이다. 젊은이들에게 주어지는 과제는 더욱 힘든 것일 테고, 시행착오의 여지는 더욱 좁을 것이며, 행동해야 할 무대는 지구적인 규모일 것이다. 그리고 꾸물거림과 태만은 용서받지 못할 것이다.

교육기관의 형태나 세부 교육내용에 상관없이 탈근대 교육은 여섯 가지 핵심 과제를 안고 있다.

첫째, 무엇을 배우든지 젊은이들은 화석연료 단계를 넘어가는 급속한 이행기에 필요한 분석기술과 실제적인 기술을 익혀야 한다.

달리 말해, 젊은이들은 축적된 햇빛이 아니라 흐르는 햇빛을 이용하여 문명을 영위할 방법을 배워야 한다. 따라서 경제학자 리처드 노어가드의 말처럼 '근대적인 가치와 지식, 조직과 기술체계가 화석화된 탄화수소의 사용가능성을 얼마나 많이 반영하고 있는지'를 교육자들은 깨닫지 않으면 안된다. 근대 교과과정은 사람이 에너지문제를 해결했다는 기본가정에 의해 보이지 않게 그러나 강력하게 영향을 받아왔다. 사실 우리는 에너지문제를 해결하지 못했다. 하지만 우리 학생들은 그것을 해결해야 한다.

둘째, 탈근대 교육은 학생들이 체계와 패턴 속에서 사고하고, 시간감각을 넓힐 수 있도록 준비시켜야 한다.

자신의 전공분야 속에 은둔하는 전문가만을 교육하는 일을 더이상 마음놓고 계속할 수 없다. 우리는 학생들이 자기 전공분야를 비판적으로 바라볼 수 있도록 준비시켜야 한다. 이것은 전문교육이 끝났음을 뜻하는 것이 아니라 외따로 떨어진 섬이나 요새처럼 존재하는 전문교육의 폐지를 뜻하며, 또한 지식의 다양한 분야들 사이에 고리를 형성하는 것을 뜻한다. 모든 전문교육이 다른 전문분야, 특히 생태학과 윤리학의 관점과 지식으로 교육되어야 한다는 것이다. 나아가서 우리는 복잡한 체계 속에서 인과관계가 어떻게 작용하는지를 학생들이 이해하도록 교육해야 한다. 우리는 모든 가격이 소비의 생태적, 인간적 비용을 진실되게 반영하는 정직한 경제학을 설계할 수 있도록 학생들을 도와야 한다.

셋째, 교육은 젊은이들이 도시화 이후의 세계에 적응하도록 준비시켜야 한다.
도시화의 물결이 썰물이 될지 안 될지를 묻는 것은 올바른 질문이 아니다. 올바른 질문은 언제, 얼마나 빨리, 그리고 우리의 선견지명에 의해서 일어날 것인지, 또는 우연히 일어날 것인지를 묻는 것이다. 달리 말하면, 다가오는 세기에 대체로 귀향자들로서 갖춰야할 지식과 태도와 기술을 가지고 스스로 농촌지역으로 돌아갈 것인가, 아니면 어쩔 수 없이 생태적 피난민으로서 강요받을 것인가 하는 선택만이 우리에게 남아 있다. 문화적 다양성과 학교와 대학에 대해 지금 유행하고 있는 모든 담론은 화석연료에 기초한 도시적 균일화를 전제로 하고 있다. 웨스 잭슨이 지적하듯이 지금 학교에는 젊은이들에게 도시에서의 출세를 가르치는 한 가지 교과과정밖에 없다. 그러나 인간의 미래가 도시만큼 농촌에도 달려 있다면 젊은이들이 알아야 할 필요가 있는 것은 어떤 것인가?

우선 지금 젊은이들이 배우는 것보다 더 많이 식품과 농업에 관해 알아야 한다. 앞으로 농업은 많은 사람들에게 더욱 중요한 것이 될 것이다. 영국의 비평가 레이먼드 윌리엄스는 언젠가 그것을 이렇게 표현했다. "우리가 살아남으려면 우리는 농업을 발전시키고 확대해야 할 것이다. 농촌 세계는 이미 지나가버린 것이라는 흔히 하는 생각은 하나의 관념적인 추상일 뿐만 아니라, 농사일이 지금보다 덜하기는커녕 훨씬 더 중요하고 본질적인 것이 되어야 할 우리의 미래상에 정면으로 상반되는 것이다. 우리의 가장 중요하고 긴급하며 필수적인 활동 가운데 하나가 이렇게 무시된 것은 산업자본주의가 초래한 가장 눈에 띄는 뒤틀림 가운데 하나이다."

또한 학생들은 지금 배우는 것보다 더 많은 재간을 익혀야 한다. 그러나 화석연료 다음 세계의 농촌생활에서 쓸모있을 많은 실제적인 기술은 상실되고 있다. 예컨대 내가 아는 한 애미쉬 친구는 자기 아버지에 대해 이렇게 말한다. "아버지는 번창하는 농촌공동체에 필요한 많은 기술과 솜씨를 가지고 있는 드문 사람 가운데 한분이셨습니다. 도리깨꾼, 톱질하는 사람, 과수 농사꾼, 목수이기도 했고, 스스로 기계를 수리했습니다. 한동안은 대장장이 일도 하셨고, 연관공 노릇도 하셨지요. 언젠가는 과수원 분무기로 우리 젖소 외양간에 흰칠을 하시기도 했습니다."

이러한 기술은 이제 애미쉬 공동체 같은 데서 말고는 더이상 흔히 볼 수 있는 것이 아니다. 하지만 더 심각한 상실은 이러한 기술이 꽃필 수 있게 해주는 마음이 시들어가는 현상이다. 여러 가지 일을 잘 할 줄 아는 마음은 전문가에게 결핍된 복합성과 기민성, 탄력성을 갖추고 있다. 이것은 하룻동안에 한 가지 재료에서 다른 재료로, 한 연장에서 다른 연장으로, 기계공학에서 생물학으로 또 동물돌보기로 옮겨갈 수 있는 능력이 있는 마음이다. 설계하고, 세우고, 고치고, 키우고, 치유하고, 만들고, 땜질하고, 종합하고, 임기응변으로 대처하고, 이웃과 사귀며 재미있는 이야기를 할 줄 아는 마음 — 폭과 깊이를 지닌 마음이다.

넷째, 젊은이들은 땅 위에 인간의 '흔적'을 덜 남기도록 배워야 한다. 다시 말해 사람다운 삶을 살아가기 위해 필요한 에너지와 물질과 토지와 물의 총량을 줄여야 한다는 것이다.

평생동안 미국인 한 사람은 평균 540톤의 건축재료와 종이 18톤, 목재 23톤, 금속 16톤, 유기화학물질 32톤을 쓰는데, 이 양은 이른바 저개발 지역 사람들이 쓰는 양의 열 배에서 열다섯 배에 이른다. 환경쇠퇴를 역전시키자면 미국인들의 에너지와 물량소비가 어림잡아 50에서 90퍼센트까지 줄어들도록 해야 한다. 그렇게 줄이면서도 여전히 잘 살기 위해서는 지금 학교에서 배우는 학생들은 생태적 기술과 과학을 습득해야 할 것이다. 그것은 자원과 에너지의 효율성을 최대한으로 하고, 자연이 제공하는 무료봉사를 잘 활용하며, 자연 작용에 대한 지식을 사람들이 생각하고 살아가는 방식 속에 통합시키는 것을 뜻한다. 사람들은 지구의 생태와 생물 자본을 아직도 갚아먹을 수 있었을 때의 세대들보다 훨씬 더 지혜로워야 할 것이다. 이런 것들을 젊은이들이 할 수 있게 하는 교과과정에는 생태공학, 지속가능한 자원관리, 복구생태학, 보존생물학, '녹색' 건축 같은 새로운 분야가 포함될 것이다. 그리고 거기에는 무엇보다도 해서는 안될 것이 무엇인가를 아는 데 필요한 지식이 포함될 것이다.

다섯째, 젊은이들은 지금보다도 훨씬 더 생태학적 상상력을 갖추고, 생태적 가능성에 대한 개념을 넓혀 줄 땅에 대한 새로운 전망을 갖출 필요가 있다.

화석연료의 힘으로 변형된 경관은 다가오는 세기에 다시 새롭게 복구되어야 할 것이다. 젊은이들은 농촌과 도시의 경관을 복구하여 탄산가스를 격리시키고, 야생지역을 복원하고, 생물학적 다양성을 지지하고, 태양과 바람을 이용하며 수렵채취 지역을 만들어내는 데 필요한 생태적 상상력을 갖추어야 할 것이다. 그렇게 복구되는 경관에는 야생생물들을 위한 회랑과 숲과 야생지와 보호된 강과 작은 농장과 기술면에서 진보한 풍력발전기, 복원된 땅이 포함될 것이다. 화석연료 이후의 세계에서는 예컨대 고도로 전문화되고 크고 자본집약적이며 생태적으로 파괴적인 농장은 근본적으로 바뀔 것이다. 새로운 농장은 생태적으로 다양하고 좀더 규모가 작고 값이 쌀 것이다. 그러한 농장은 도시와 농촌 어느 쪽에나 있을 것이다. 그 농장들은 과일과 채소와 곡물을 소비자들에게 직접 제공하는 '공동체 농장'들일 것이다. 젊은이들은 또한 야생지역 경관에 대해 좀더 넓은 전망을 갖추어야 할 것이다.

그러나 우리 자신에 관한 좀더 깊은 생태적 시각 없이는 경관에 대한 우리의 감각을 넓힐 수 없다. 우리 자신은 부분적으로 우리의 삶터를 반영하고 있다. 지역 특성은 우리가 알 수 있는 것보다 더 다양한 방식으로 우리 마음에 새겨져 있다. 우리는 어떤 강의 물보라라고 할 수 있다. 우리는 우리가 상상하는 것보다 더 야성의 지배를 받으며 더 큰 전체의 한 부분으로 존재한다.

여섯째, 진정한 교육은 단순히 사실과 정보와 기술과 요령을 전수하는 것을 넘어서야 한다. 교육은 젊은이들에게 '어떻게'만이 아니라 '왜'도 중요하다는 것을 전달하는 일을 목표로 삼아야 한다.

프리츠 슈마허가 언젠가 말했듯이 진정한 교육은 '우리의 중심 신념을 밝혀주어야 한다. 왜냐하면 지금 혼돈상태에 있는 것은 우리의 중심 신념이기 때문이다.' 슈마허의 말대로 교육이 '파괴의 수단'이 안 되려면 교육은 '더 큰 지혜를 낳을' 수 있도록 되어야 한다. 이러한 일을 제대로 해낼 때 교육은 언제까지나 중요한 것과 일시적으로만 중요한 것을 밝혀주고, 우리가 냉소주의와 무질서, 허무주의와 자기중심주의를 극복할 만큼 충분히 큰 이념을 제공할 수 있다.

전통적인 교육의 종말이 우리 눈앞에 보인다. 전통적인 교육의 궤도는 이 지구가 사람이 살 수 없는 곳으로 되는 과정을 충실히 따라왔다. 물론 내가 여기서 말하는 교육은 기술에 의한 자연정복을 생각하는 그런 종류의 교육이다. 자연에 대한 인간의 기술력이 커지면 커질수록 자연은 더 예측하기 어려워지고 더욱 탄력성을 잃어버린다는 엄청난 모순을 우리는 이제 똑바로 보아야 한다. 자연의 제약을 뚫을 수 있다는 근대교육과정에 암묵적으로 뿌리박혀 있는 생각은 이제 건전한 정신을 갖춘 사람이라면 감히 하지 못할 내기이다. 사람으로서는 이길 수 없는 내기이다.

오늘의 교육이 생태적으로 지속가능하고 공정한 공동체와 사회와 세계질서를 세우기 위해 젊은이들이 해야 할 일을 할 수 있도록 준비시켜주는 교육으로 바뀔 전망이 있는가? 이것은 무엇보다도 ― 현재 별로 전망이 없는 사람들에 의해 운영되고 있는 ― 교육기관들에서 그러한 전망이 있느냐 없느냐 하는 문제다. 갈릴레오의 망원경을 들여다보기를 거부했던 17세기 교회 사람들의 경우가 하나의 유추로 떠오른다. 《깨어남》의 저자 올리버 작스는 비슷한 이야기를 들려준다. 네 살에 눈이 멀었다가 쉰 살에 시력을 되찾은 버질이라는 사람에 관한 이야기다. 이 기적 같은 시력회복은 당연히 기쁜 일이 되었어야 하지만, 오히려 버질에게는 이미 습관이 된 편안한 일상생활과 환상을 방해하는 고통스러운 일이었다. 눈먼 상태와 생활의 안전성에 길들여져 있던 것이다. 버질은 보기를 원치 않았고, 끝내는 스스로의 선택으로 다시 시력을 잃는다. 편안한 대학생활의 하루하루는 일종의 눈먼 상태여서 교육자들과 행정가들은 더 크고 더 긴박한 문제를 회피하기를 택하는 것이다.

그러나 밑으로부터 모아지는 힘으로 교육의 혁명이 진행되고 있다. 혁명의 기운은 '학생환경행동연합'이 주최한 회의에 미국과 캐나다 전역에서 수천명의 학생들이 모인 데서 분명하게 드러났다. 또한 1994년 2월 예일대 학생들이 주최하여 '지속가능한 미래를 위한 대학인 청사진'을 마련한 '대학인 환경정상회의'에서도 분명해졌다. 그리고 사실상 지금 모든 대학 캠퍼스에서 환경관련 연구와 기획이 빠르게 성장하고 있는 데서도 분명하게 드러난다. 젊은이들은 자신들이 이어

받아야 할 유산이 분별없이 때로는 부정한 방법으로 탕진되고 있다는 것을 갈수록 분명하게 인식하고 있다. 젊은이들은 어쩌면 선생과 정신적 지도자들이 어디에 서 있으며, 무엇을 지지하는지에 대해서는 알지 못할지 모르지만, 많은 젊은이들은 "그대가 할 수 있거나 할 수 있다고 꿈꿀 수 있는 것이면 무엇이든지 시작하라. 대담성이야말로 타고난 재능이며, 힘이고 마술이다"고 한 괴테 말의 진실을 뼛속깊이 알고 있다.

아이들은 스스로 배운다

— 이반 일리치와의 대화

당신이 제안했던 '학교 없는 사회'에 대해, 많은 사람들이 정말로 실제적인 제안인가 하는 의문을 품고 있습니다. 그러나 당신은 경험을 통해 비학교화(非學校化) 교육이 필요하고 또 실제적인 것으로 실증되었다고 말합니다. 당신이 제기한, 제도화되지

이반 일리치(Ivan Illich, 1926~2002) — 독일 출신의 신학, 철학, 역사학자로서 현대사회를 지배하는 산업주의라는 인식 체계를 뿌리에서부터 검증하는 데 뛰어난 통찰력을 보여 주었다. 그의 관심은 교육, 에너지, 의료, 커뮤니케이션, 경제학, 성(性), 주거지 문제 따위 폭넓은 영역에 걸쳐 있다. 자치, 자율, 자주에 대한 굳센 믿음을 갖고 산업제도의 비인간성과 폭력성을 가차없이 해부하거나 민중사회에 뿌리박은 가치들을 옹호하려는 정열에서나 아마도 그를 넘어설 사람은 거의 없을 것이다. 그는 한때 멕시코의 국제문화자료센터에서 활동하면서 비서구형 발전 모델을 탐구하는 등, 제3세계 민중사회에 스며 있는 창조성에 남달리 관심을 가졌다. 서구 산업문명의 역사적 진보성을 아무 생각 없이 믿어온 우리들에게 일리치의 글은 충격으로 다가온다.
여기서 소개하는 글은 1980~81년 일리치가 일본을 방문하면서 몇몇 일본 지식인들과 나눈 대화를 정리한 것이다. 출전은 《일리치가 일본에서 말하는 人類의 希望》(日本新評論社, 1984)이다. 박홍규 교수의 편역으로 《녹색평론》 3호에 실렸던 글이다.

않고 비공식적이며 서로 주고받는 전달과정이 더 바람직하고 더욱 인간적인 학습방법이라고 하는 점에 대해 묻고 싶습니다. 먼저 푸에르토리코, 이어 멕시코 쿼르나바카에서 당신이 한 일이 무엇인지 듣고 싶습니다.

나는 스물아홉 살에 학생이 오천 명 정도인 푸에르토리코의 카톨릭 대학을 갑자기 맡게 되었습니다. 그때까지 나는 교육을 조직한 경험도 없었고 교실에서 어떻게 수업이 진행되는지를 경험한 적도 없었습니다. 그런데 수업중에 여러 가지 일이 벌어졌고 때로는 한 시간도 안 되는 사이에 교수가 심장발작을 일으킬 정도였습니다. 교실을 조용하게 만들려고 굉장히 고생했습니다. 그리고 서른 살이 되었을 때 처음으로 푸에르토리코 사람들에게는 교육이 더욱 필요하다고 모두가 요구하는 사태에 맞닥뜨렸습니다.

오년 동안 나는 이른바 대학이라는 곳에서 책임있는 일을 맡았습니다. 그리고 마지막으로 부총장이란 지위에서 목이 잘렸는데(웃음) 가장 큰 이유는 대학이 쓰는 비용을 삭감하여 그 부분을 초등학교에 돌리자고 주장했기 때문이었습니다. 그 때 푸에르토리코에서는 가난한 아이들이 5년간의 의무교육을 마치는 경우가 겨우 5분의 1에 지나지 않았습니다. 나는 해고당했을 때 푸에르토리코의 모든 아이들은 적어도 5년간의 의무교육만은 받아야 한다고 믿었습니다. 그런데 그 뒤 7년 동안 나는 과연 내가 옳았는가 아니면 나를 해고한 쪽이 옳았는가를 끊임없이 생각했습니다. 결론은 그 사람들의 참뜻과는 관계없이 나를 해고한 쪽이 옳았다는 것이었습니다. 나는 해고되었을 때, 초등학교에 더욱 많은 돈을 제공한다면 푸에르토리코의 가난한 아이들은 이익을 얻으리라고 생각했습니다. 그런데 나를 해고한 사람들은 아이러니컬하게도 교육이란 이미 특권을 지니고 태어난 이들의 특권을 더욱 강화하는 것일 뿐이라는 현실을 잘 이해했던 것입니다. 나는 곧 가난한 아이들을 교육시킨다는 것은 그런 현실의 격차를 더욱 벌어지게 하는 것이므로 불필요한 것임을 알게 되었습니다.

그 무렵 나는 《학교 없는 사회》라는 책을 썼는데, 그 책에서 학교를 없애면 좋으리라고 말할 생각은 결코 아니었습니다. 학교에 들어간 아이들이 학교에 들어감으로써 특권을 갖는 것은 아니다, 곧 학력을 팔아 행복을 얻는 것이어서는 안된다, 그렇게 되지 않도록 할 수 있는 모든 조치가 취해져야 한다고 말했던 것입니다. 교육이란 결코 회피될 수 없다는 사실의 근거를 우리는 멕시코의 국제문화자료센터(CIDOC)에서 연구했습니다. 그 센터는 발렌티나 브레만스의 도서관을 중심으로 설립된 것으로, 몇 년에 걸쳐 우리는 몇 사람들과 함께 학교가 사회에 미치는 영향을 분석했습니다. 그리하여 다음과 같은 사실들을 알게 되었습니다.

첫째, 학교교육은 반드시 사회의 계급구조를 정제(精製)합니다. '배우는 행위'를 학교중심의 형태로 조직하는 것은 사회에서 살아가는 모든 사람들에게 출신학교나 학력이라는 낙인을 찍는 것 없이는 있을 수 없습니다. 그러므로 학교교육은 첫째로 계층화 방식으로 사람들에게 반드시 낙인을 찍습니다.

둘째, 학교교육은 '배우는 것'이 소비과정의 결과라고 사람들에게 믿게 합니다. 곧 수많은 학교교육이 사람들에게 주어지는 사회에서는, 어떤 특수화된 생산의 결과 비로소 배울 수 있게된 것이라고 사람들에게 참으로 믿게 만듭니다. 그리고 이것은 대부분의 마르크스주의

자와 케인즈주의자의 이데올로기와 완전히 일치합니다. 그러나 이것은 생산수준의 증대 또는 여러 생산력의 상승이 발전의 목표라고 하는 이유에서 인정되는 것이 아닙니다. 도리어 학교교육이 개인의 성장은 소비의 결과라고 사람들이 믿도록 훈련하고 있기 때문입니다.

셋째, 학교교육은 교사가 통제하지 않는 곳에서의 모든 '배움'은 가치가 없다는 결론으로 연결됩니다. 그러나 나는 도리어 학교 밖의 배움이 훨씬 가치있다고 믿고 있습니다.

넷째, 학교교육을 받으면 받을수록 많은 사람들이 더욱 어리석게 된다는 것입니다. 사회의 특권은 학교 밖에서 얻어지는 것이고 학교교육이 더할 수 있는 것은 도리어 사람들에게서 싱싱한 감각을 없애는 것입니다. 특히 대학은 지적인 민감성을 없애는 곳일 뿐입니다. 이처럼 비대해진 어리석음을 보여주는 아주 단순한 예는 다음과 같은 것입니다.

학교를 마친 대다수는 '교육이란 언제나 있어야 하는 사회과정의 하나'라고 주장합니다. 그러나 지금은 그렇지 않다고 분명히 말할 수 있습니다. 곧 '배움'이 공식적으로 가르쳐지는 것이라고 정의된 것은 비교적 최근의 현상입니다. 관료나 서기는 자신들이 살던 모든 사회에서 계속 어떤 교육을 받아왔습니다. 어떤 사회, 정확하게는 봉건사회에서 토후(土侯)들은 어떤 특별한 교육을 익혔습니다. 그러나 자립, 자존의 토착 전통사회에서는 대부분의 사람들이 남자나 여자로 길러집니다. 곧 남자는 남자, 여자는 여자라는 역할에 따라 존재합니다.

교육이란 옛날에는 수송과 마찬가지로 주변적인 것이었습니다. 언제나 노예가 메는 가마로 다닌 사람은 몇 사람 되지 않았습니다. 마찬가지로 '교육받은' 사람도 옛날에는 아주 적었습니다. 그런 것을 포함하여 내가 해야한다고 생각한 일은 교육이 좋은 것이라고 하는, 교육자들이 옹호해온 신념에 도전하는 일이었습니다.

멕시코나 남미에서 많은 사람들이 내게 말했습니다. "미국사람들은 그렇게 많이 학교교육을 받아야 할 만큼 어리석은 사람들인가!" 하고. (웃음)

나는 농담을 지껄이고 있는 것이 아닙니다.

또 그들은 말합니다. "그렇게 많은 약이 필요하다니 미국사람들은 모두 크게 병든 사람들인 게 분명해." 또 이렇게 말합니다. "미국사람들은 틀림없이 다리가 약해. 갓난애처럼 언제나 차를 타지 않으면 안 되니까 말이야." 하고.

이런 사정을 이해하고서, 나는 더 이상 교육을 존중하지 않게 되었습니다. 그리고 나는 교육자들을, 사회의 쓰레기를 치우는 사람들, 즉 도로 청소부 같은 사람들이라고 보기 시작했습니다.

많은 보기 가운데 하나를 들어봅시다. 국제문화자료센터(CIDOC)에 관한 것입니다. 쿼르나바카에 있는 이 센터는 최근 10년간 남북아메리카 대륙 사이에서 서방세계에 특이하고도 중요한 지적 자유를 준 센터였습니다. 그런데 이 중요한 모델 '대학'을 조직하고 운영해온 63명은 모두 대학 졸업장을 갖지 않은 사람들이었습니다.

당신을 빼고 말입니까?

나는 그곳에 고용되어 있었을 뿐입니다. 돈을 내고 가르치는 일을 허가받은 것말고 다른 어떤 권리도 가지지 못했습니다. 나는 다른 사람들과 마찬가지로 가르치는 특권을 누리기 위해 백 달러를 내야만 했습니다. 돈을 받은 것이 아니라 내야만 했습니다. 아주 가난한 나라에서 온 사람들이 아닌 한 모두가 백 달러를 내야 했습니다.

그런 형편이었는데도 멕시코에서 자료센터였던 CIDOC는 8년 사이에 320건의 학문적 문헌을 간행했습니다. 그 전에는 도서관 목록 속에도 들지 않았던 19세기 남미문헌 대부분이 CIDOC에 의해 색인화되었습니다.

또 하나, CIDOC에서의 세 번째 보기입니다. 내가 그곳에 있는 동안 스무 명이 넘는 마을사람들이 찾아와서 이렇게 말했습니다. "이반 씨, 당신 일을 돕고 싶습니다. 제자로서 당신과 같이 일하고 싶어요." 그 사람들에게 나는 물었습니다. "글자를 읽을 줄 압니까?" 우리들은 글을 읽을 줄 아는 사람들의 도움이 필요했기 때문입니다. 그이들 대부분은 스페인어를 알고 있었습니다. 그러나 내가 도서관에서 하는 일에는 스페인어뿐만 아니라 영어·불어·독어가 요구된다는 것—학문 작업을 하는 데는 그러한 외국어가 필요하다는 것을 그들은 이해했습니다. 그래서 CIDOC에서 우리와 함께 일한 사람들은 모두 처음 1년간 스페인어 말고 두 가지 외국어를 익혔습니다. 여러분 모두가 아시듯이 대학에서는 1년에 2개 국어를 익히는 사람은 천재일 것입니다.(웃음)

외국어를 익히는 것은 어려운 일로 되어 있는데 그 원인은 분명히 달리 예를 찾아볼 수 없을 정도로 너무 지나친 학교교육에 있지 않겠습니까?(웃음)

당신은 교육받은 사람이 교육받지 못한 사람을 착취하는 제도는 좋지 않다고 했는데, 그렇다면 어떤 교육이라도 임금이나 부(富)를 평등하게 하는 것이라면 좋다는 말입니까?

나는 그렇게 얘기하지는 않습니다. 부만이 아니라 권력도 평등하게 하기 위한 중대한 조건은 우리들이 교육에 대한 존경심을 버린다는 것입니다. 그 이유는 우리들이 교육의 이념을 존중하는 한, 사람의 가치는 교사 앞에서 입을 벌리고 앉아 있는 시간에 따라 올라간다고 믿기 때문입니다. 달리 말하면 우리들이 교육을 믿고 있는 한, 교육이란 돈과 같은 기초적인 인간 상품의 하나이며 인간은 지식 자본가라고 믿게 된다는 것입니다. 그러므로 교육을 존중하지 않는다면 사람들은 평등한 수입만이 아니라 평등한 권력도 누리는 사회상태를 갖게 될 것입니다.

교육이 '지식의 자본화'라는 것은 이해하지만 열두 살 전의 초등학교 교육은 '아이를 돌보는' 상태에 가까운 것이라고 할 수 있는데 그것에 대해 어떻게 생각하십니까?

분명히 당신과 나는 서로 다른 세계에 살고 있나 봅니다. 열두 살이 되기까지 세계 대부분 지역에서 대부분의 아이들은 완벽하게 유능하고 멋진 남녀였다고 나는 생각합니다. 그리고 그 아이들은 농민사회에서도 자기 직분을 충실히 수행했습니다. 그 일은 꽤 복잡한 것이었지만, 어떤 학교교육도 그 일을 제대로 준비하여 충족시킬 수가 없는 것입니다.(웃음) 이를테면 농촌 아이들이 소를 어떤 상태에 매어 두려면 학교가 가르쳐 주는 지식보다는 더욱 풍부한 감수성, 요령, 축적된 경험이 있어야 합니다. 그러나 그런 사회는 '어린이 시절(childhood)'이란 개념이 존재하지 않았던 사회입니다. 필립 아리에스(Philippe Aries)가 정말 좋은 책을 썼는데 그 책에서 그는 '어린이 시절'이란 18세기 유럽의 부르주아지가 발명한 개념이라고 말했습니다.

'증거 모으기 놀이'를 했던 내 어릴 적 경험을 얘기해 보겠습니다. 그 놀이는 아이들에게 정언논리(定言論理) 사고법을 가르치는 교육놀이입니다. 발렌티너와 함께 일하는 사람이 퀘르나바카의 시장에서 이 놀이를 해보았습니다. 그곳 아이들은 거의가 한번도 학교에 다닌 적이 없었습니다. 놀이를 한 아이들 10~20명 가운데 특히 한두 명이 꽤 흥미를 보였습니다. 매우 훌륭하게 놀이를 하여 그 자리에서 읽기를 배우는 아이도 있었습니다. 이를테면 그 아이는 exclusion(제외)이라는 표시를 놀이로 기억했습니다. 언젠가 그 아이는 "아, 이것은 e다. 왜일까? exclusion에서 온 것이니까!" 하고 기억했습니다. 이처럼 실제로 글자 읽는 법을 아이들이 놀이를 하며 즐기면서 익혔고, 2~3주 사이에 그 놀이로 수학 선생을 이기기도 했습니다.

우리 민중에게는 그만큼 무진장한 재능이 있습니다. 그 재능을 파괴하는 가장 좋은 방법이 의무교육의 실시입니다. 아이들 중에는 놀랄 만큼 빨리 읽기를 배워 많은 책을 읽을 수 있게 되는 아이도 있습니다. 그러나 학교에서는 12년 동안 가르쳐도 책 한 권조차 읽지 못하는 경우가 많습니다. 겨우 두세 시간 듣는 것만으로도 기타를 매우 훌륭하게 퉁기는 사람이 있는가 하면 전혀 못하는 사람도 있습니다. 노래를 잘하는 사람도 있고 나처럼 음치도 있습니다.(웃음) 그러나 노래를 부르는 것은 수학보다도 사회에서 훨씬 중요하고 쓸모있는 것일지 모릅니다. 그러므로 나는 왜 열두 살이 안된 아이들이 그 수많은 교육내용을 알아야만 하는지, 그리고 그 뒤에도 왜 지금 같은 기묘하고 난해한 학습형태가 아닌, 더욱 접근하기 쉬운 앞날을 택하면 안되는지를 이해할 수 없습니다. 그것은 지금 교육에 들이는 예산의 십분의 일만으로도 실현할 수 있는 일입니다.

여기서 예를 하나 들어봅시다. 독서입니다. 동양에서는 보통 묵독을 한다고 합니다. 그러나 유럽사람들에게 묵독이란 생각할 수도 없는 것이었습니다. 입을 움직이지 않고, 씌어진 말을 발음하지 않고 읽는다는 것은 한문에서만 가능했습니다. 그렇지만 유럽에서는 누구나 책을 읽을 때, 반드시 다른 사람들이 그 주위에 앉아서 읽는 소리에 귀를 기울였습니다. 알파벳 문자 사회에서는 누구나 소리를 내어 책을 읽기 때문에 실제로 읽는 사람이 매우 적은데도 책에 친숙해지는 비율이 높았습니다.

그런데 유럽에 중국의 관료제가 영향을 미치게 되었습니다. 특히 프랑스에 말입니다. 그곳에 영향이 미친 것은 일본보다 훨씬 뒤였지만 프랑스 쪽이 훨씬 더 열렬히 중국의 과거제도와 묵독 방법을 배웠습니다.(폭소) 그 뒤 사람들은 소리를 내어 읽는 것을 두려워하고 부끄럽게 여기게 되었습니다. 나는 이것을 학교교육의 대안을 모색하는 방향을 가리키는 보기로 생각합니다.

요즈음 아이들은 텔레비전 앞에 앉아 있을 때가 많고 학교 말고도 무슨 학원 따위에 쫓기고 있습니다.

텔레비전을 두고 있는 한 학교교육에 대한 대안은 있을 수 없습니다. 텔레비전을 없애야 하는 것입니다. 참으로 고맙게도 최근 서구에서는 텔레비전을 없애는 것이 진지하게 논의되고 있습니다. '좋은' 방송, '나쁜' 방송을 대립시키는 것이 아니라 내가 바라는 것은 텔레비전을 없애라는 것입니다.

일본에서는 도쿄대학, 미국에서는 하버드대학 같은 곳에 가는 학생들은 가장 유력한 이들의 자제라고 생각되는데 이런 현실에서 본다면 당신의 얘기는 유토피아가 아닙니까?

세계 어디에서도 그런 것은 깨지지 않고 있습니다. 1968년에 러시아의 사회과학 잡지를 읽었는데 매우 평범하게, 그러나 단호하게 모스크바 대학생들의 사회 배경을 러시아 학자가 분석해 놓았습니다. 그가 연구한 대학졸업 세대는 스탈린 시대에 고등학교에 입학한 이들입니다. 그런데 스탈린은 분명히 공산당 관료의 자녀가 일반인 자녀보다 높은 비율로 대학생이 되는 것에 반대했습니다. 그렇게 노력했는데도 고학력 양친을 둔 학생들 비율이 미국보다 세 배 이상 높았습니다.

나는 당시 브라질 고문독재자(군사정권)의 학교정책을 피텔 카스트로의 학교정책에 비교했기 때문에 남미에서 평판이 아주 나빠졌습니다. 내가 지적한 것은 사회주의 나라인 쿠바와 군사독재체제인 브라질에서 의도가 전혀 달랐음에도 학교교육의 결과가 똑같았다는 점이었습니다. 두 나라에서 특권적인 대학에 체제의 중요한 인물 자제가 똑같이 과잉 입학하고 있었습니다. 그때 카스트로 정권은 남미에서 아직 찬양되고 있을 때입니다. 우리들 몇몇만이 그러한 교육정책이 카스트로 정권을 실패하게 할 것인지 아니면 카스트로 정권이 불가능하다고 생각되는 것을 이루려고 하는지 물었을 뿐입니다.

그때 나는 잘못 생각했습니다. 나는 학교교육의 위험성을 너무 강조했습니다. 나이별로 수업에 참석하는 것, 어떤 나이의 아이들이 피라미드 형태의 수업에 참석하고 있는 점을 너무 강조했습니다. 그래서 실은 내가 충분히 주의하지 못한 사실이 있었습니다. 교육이 학교 밖에서 이루어져도 더욱 파괴적인 것으로 될 수 있다는 것을 보지 못한 것입니다. 텔레비전을 통한 반복학습 같은 방법으로 감시를 받으면서 이루어지는 자기학습 같은 교육이 바로 그런 것입니다. 10년 전 나는 학교를 벗어나 교육을 개선해야 한다고 잘못 생각했습니다. 그때 나의 무지는 부끄럽기 짝이 없는 것입니다.

그래서 나는 지금 교육의 역사에 중점을 두고 있습니다. 교육이란 것이 대체로 18세기에 생겨났다는 사실을 지적하기 위해서입니다. 어떤 일을 위해 특수화된 훈련 프로그램이 옛날에는 흔했습니다. 따라서 그것을 근대적 의미의 교육이라고 부르는 것은 오류라는 것을 밝히고자 합니다.

일본의 경제성장을 과시한 기념물 가운데 대표적인 것이 나리타공항과 쓰쿠바대학입니다. 쓰쿠바대학은 일본의 고등교육, 아니 모든 교육의 방향을 바꾸어 놓았습니다. 학교의 재편제화(再編制化)가 그곳을 거점으로 진행되고 있습니다. 이것은 당신이 말한 '학교 없는 사회'라는 이상과는 완전히 반대되는 것이 아닙니까?

어제 어떤 사람이 제게 이렇게 물었습니다. 지금 다시 책을 쓴다면 《학교 없는 사회》와는 다른 책을 쓸 것이 아닌가 하고요. 나는 그렇다고 대답했습니다.

오늘날 서구 여러 나라에서는 보편적인 학교교육의 폐해를 설명할 필요가 없을 정도로, 학교는 반드시 우둔한 인간을 길러 피라미드형 사회에 짜넣어서 수많은 등급을 매긴 뒤에 낙오자를 만들어 내고 열등감을 증폭시킨다는 생각이 널리 퍼져 있습니다. 학교는 혜택받지 못한 환경에서 자라난 사람들에게 다시 낙오자라는 낙인까지 찍어서 사회적으로 사람을 매장시키는 일에 광분하고 있습니다. 그러나 이러한 폐해는 자본주의에만 있는 것이 아닙니다. 소련이든 쿠바든 중국이든 학교교육은 반드시 계급사회를 조장합니다.

학교교육에 대한 비판이 갖는 위험한 점은, 학교를 폐지하고 학교 밖에서 교육해야 한다는 생각으로 연결된다는 것입니다. 곧 자조(自助) 교육이란 것입니다. 그러나 그것도 전문가에 의해 감독되는 자조입니다.

사람의 자아는 두 가지로 나눌 수 있습니다. 도와주는 쪽과 도움을 받는 쪽으로 말입니다. 사람의 내면을 돕고 향상시키는 교육─그러나 학생은 완전히 도움을 받는 수동의 형태로 취급되는 교육, 이러한 새로운 교육의 개념에 숨어 있는 음험성을 나는 걱정하고 있습니다. 예컨대 더이상 일반민중에게는 비싼 학교 따위가 필요 없다, 더욱 값싸게 할 수 있는 방법, 곧 텔레비전 따위를 활용해야 한다는 이른바 대중교육론이 지금까지의 학교교육보다도 더욱 위험하다고 생각합니다.

일본에서도 텔레비전 교육방송을 하고 있습니다. 텔레비전과 라디오로 대학도 운영하고 있습니다. 몇 년 전부터 일본에서는 공통1차시험(편역자주 - 우리 나라의 학력고사 같은 것이나 일본에서는 사립대학은 제외된다)이라는 제도를 도입했습니다. 국립대학에 들어가고자 하는 모든 학생들은 이 공통시험을 반드시 치러야 합니다. 해마다 30만 명이 이 시험을 치고 컴퓨터로 답안이 처리됩니다.

학생들은 더욱더 시험에 강해지겠지요. 시험을 치르도록 자신을 훈련하는 어리석은 학생만이 시험에 붙을 수 있겠지요.

따라서 일본의 국립대학은 그러한 어리석음을 경쟁하는 시험으로 뽑힌 학생들에게만 입학을 허가합니다. 입학 뒤에 그러한 학생들을 변화시켜 보려고 노력해도 이미 소용없는 일입니다. 하지만 나는 대학생들의 어리석음을 걱정하기보다 입시에 실패한 사람들이 인생의 낙오자라고 자학하며 타락하는 것을 더 염려하고 있습니다.

자신을 낙오자라고 생각하는 사람들을 어떻게 해야 하는지는 참으로 어려운 일입니다. 나는 20년 전부터 해마다 몇 달씩 멕시코의 한 시골에서 은둔생활을 하고 있습니다. 그 시골의 젊은이들 스무 명쯤이 저를 찾아와서 "조수가 되고 싶다"고 합니다. 대부분은 초등학교도 제대로 마치지 못한 사람들이지요. 나는 언제나 그들에게 "글자를 읽을 줄 아는가?"라고 묻습니다. 한두 사람은 문맹이기 때문에 글을 가르쳐 주기도 합니다. 그러고는 스페인어로 씌어진 책을 뽑아 같이 읽고서 토론도 벌입니다.

그 뒤에 나는 다시 이렇게 말합니다. "책꽂이를 봐요. 대부분 영어나 불어 또는 독어로 씌어져 있지요. 이탈리아어나 러시아어 책도 있어요. 조수가 되고 싶으면 스페인어만 알아서는 안돼요. 사전을 보면서 다른 나라 말로 씌어진 책을 읽게 된다면 조수로 채용하지요"라고.

지금까지 경험으로는 스무 사람 가운데 세 명을 뺀 전원이 일 년 안에 내가 제시한 조건을 채웠습니다. 학교에서 점수에 따라 성적이 좋고 나쁜 것을 결정하는 나라에서는 그런 일이 불가능합니다. 가르쳐져야 배운다고 생각할 뿐이지요.

　그렇습니다. 게다가 공통시험에 실패한 학생 중에도 여러 가지 뛰어난 재능을 가진 학생들이 있겠지요. 목수나 시인, 음악가나 화가가 될 재능을 가진 경우도…. 이러한 시험제도의 어리석음과 고집 때문에 학생들이 낙오하는 것입니다. 머리가 명석하고 창조력이 풍부하며 비판능력이 있는 사람이라면 누구라도 지금 같은 수험공부의 고통을 참을 수는 없을 것입니다. 따라서 결국 그다지 개성이 없는 학생들이 좋은 대학에 들어가고, 동시에 인생 자체에 실패했다고 낙담하는 수많은 젊은이들을 낳게 되는 것입니다. 그렇게 생각하는 사람들은 더이상 자신의 힘으로 인생을 개척한다는 생각도 못하게 되는 것이 보통입니다.

　도대체 어떻게 하면 좋겠습니까? 10년, 15년 전까지는 실체를 폭로하면 그것으로 충분하다고 나는 믿었습니다. 그러나 지금은 왜 그렇게 되었는가, 어떤 사상이 이런 사태를 낳았는가 하는 근본 이유를 명확하게 밝힐 필요가 있다고 생각합니다. 그것은 '희소성'이라고 하는 측면을 무시한다면, 지금까지의 경제학으로는 해명할 수 없는 문제입니다. 건강이 의료화된 현상도, 건강이 희소하다는 가정이 없이는 생각할 수 없습니다. 학교와 학교 밖을 포함한 모든 교육기구도 희소성이라는 경제학적 가설이 없이는 고찰될 수 없습니다. 오늘날에는 지식이 희귀해졌다고 합니다. 하지만 나는 이 희소성이라고 하는 가정의 어리석음을 해명하고자 합니다. 지식이 모자라기 때문에 귀중하다고 하는 사회는 존재한 적이 없습니다. 물론 특수한 지식이 부족한 경우는 있었지만, 대부분의 사람들은 지극히 복잡한 생활양식을 배울 수 있었습니다. 이를테면 농장을 관리하자면 어떻게 하면 좋은가에 대해서 학교는 아무것도 가르쳐주지 않습니다. 너무나 복잡하기 때문이지요. 그것은 사람이 농가에 태어나 자라면서 자연스럽게 익히는 것입니다.

고향을 등지게 만드는 교육

웬델 베리

몇 해 전에 인디애나 주 메디슨에서 열린 한 모임에 참석한 적이 있는데, 그 일을 나는 잊을 수가 없다. 그 모임은 우리 시대 우리 나라의 운명에 대해 너무나 상징적인 의미를 가진 것으로 보였다. 모임의 청중으로는 많은 지역 주민들이 있었고, 나도 그 가운데 하나였다. 우리들은 마블 힐에서 그때 건설하고 있던(그러나 지금은 중단된) 원지력 발전소에 불신을 품고 있었다. 연단 위에는 그 발전소를 건설하고 있던 퍼블릭 서비스 인디애나 회사 대표자들이 앉아 있었고 또 이른바 원자력 조정 위원회의 위원들이 앉아 있었는데, 위원들의 직무라는 것은 이미 알려진 퍼블릭 서비스 인디애나의 속임수나 무능뿐만 아니라

웬델 베리(Wendel Berry) — 미국의 농민이자 시인. 고향인 켄터키에서 전통농법으로 농사를 지으면서 현대문명에 대한 뛰어난 통찰력을 보이는 글을 많이 발표하고 있다. 이 글은 그의 수필집 《Home Economics》(1987)에 실려 있는 글 '고등교육과 고향지키기'를 옮긴 것으로 《녹색평론》 12호에 실렸던 것이다.

원자력 이용에 따르는 공인된 위험으로부터 우리들을 보호한다는 것이었다.

모임은 대개 그런 모임들이 전형적으로 진행되듯이 진행되었다. 지역민들이 나타내는 두려움과 반대와 질문과 불만들은 기술적 전문용어로써 응수되었고, 재난의 가능성은 매우 적다는 허세에 찬 확언으로 답변되었다.

이러한 토론에서는, 듣는 사람들이 이해하기 어렵게 또 감정을 섞지 않고 말하는 사람들이 옳고, 소박하게 감정을 가지고 말하는 사람들은 옳지 않다는 공식적인 가정이 있는 게 분명했다. 고향에 대한 사랑이라든지 개인적인 충성이나 사사로운 두려움 같은 것들은 과학적으로 존중받을 수 없다. 그러한 것들은 '사실에 대한 객관적인 고려'에 맞설 수 없는 것이다(설사 '사실들' 가운데 일부가 매우 의심스럽거나 심지어 명백히 틀린 것이라 하더라도 말이다). 사실상, 이런 종류의 토론 역사에서 이른바 그러한 사실들을 객관적으로 고려하는 사람들이 실제로 패배한 적은 거의 없다.

퍼블릭 서비스 인디애나라는 회사의 기만성과 무능은 이미 널리 알려져 있었는데도 마블 힐의 모임에서는 그런 '사실 존중자'들이 승리를 거두고 있었다.

그 모임이 우리에게 제기하고 답변을 요구한 한 가지 중요한 것은 우리 모두가 그런 기업의 본질에 대해, 또 오늘날 교육의 역할에 대해 무엇인가 반드시 알아 둘 필요가 있는 문제였다. 청중 가운데서 한 부인이 일어나 연단 뒤에 앉아 있던 15명에서 20명쯤 되는 사람들에게 당신들 가운데 과연 몇 명이 마블 힐을 중심으로 50마일 안의 위험 권역에서 살고 있는지를 말해 보라고 요청했다. 이 질문은 전술적으로 뛰어난 것이었다. 단상의 명사들은 충격을 받은 것이 분명했고, 그날 저녁에 한 발언 가운데 가장 짧고 솔직한 답변을 하지 않을 도리가 없었다. 그 지역에 살고 있는 사람은 그 명사들 가운데 '한 사람도 없었다.' 훌륭한 보수를 받고 있으며 좋은 교육을 받았고 세상에서 성공한 그 중요한 사람들 가운데 단 한 사람도 마블 힐에서 어떤 치명적인 재난이 일어날 경우에 자기 가족이나 재산을 염려할 필요가 없었던 것이다.

만일 이것이 특별한 사례라고 한다면 이 이야기의 흥미는 줄어들 것이다. 내가 말하려고 하는 요점은 말할 것도 없이 이것이 특별한 이야기가 아니라는 것이다. 이와 비슷한 이야기는 사실 이 나라 곳곳에서 날마다 일어나고 있다. 어디에서나 하루가 다르게 지역민들의 토착적 삶은 불편스러워지고, 거덜나고, 위협을 받거나 파괴되고 있는데, 이런 일을 저지르고 있는 사람들은 자기들이 자행하는 나쁜 일의 나쁜 결과로 피해를 입지 않는 곳에 살고 있거나, 그렇게 살고 있다고 생각할 만한 특권을 누리는 힘센 사람들인 것이다.

떠돌이 전문가라고 할 수 있는 힘센 야만인들이 지금 온 나라를 약탈하고 황폐하게 만들고 있다. 그들의 야만주의는 사실대로 야만 행위라고 일컬어지고 있지 않다. 왜냐하면 그 야만주의 규모가 엄청나고, (몇몇 사람들에게) 막대한 이익을 가져다 주기 때문이다. 만일 누군가가 개인 주택을 망가뜨린다면 야만 행위가 된다. 그러나 원자력 발전소를 건설함으로써 훌륭한 농토가 파괴되고, 한 지역 공동체가 붕괴되고, 수천 평방 마일에 이르는 지역 안의 생명과 가정과 재산이 위험에 놓이게 된다면, 그것은 산업의 진보다.

  이러한 야만적인 전문가들이라고 하는 특권 계급의 회원이 되는 데는 두 가지 필요 조건이 충족되어야 한다. 첫째는 순수한 종류의 출세주의자들이라야 한다는 것이다. 출세주의자라고 하는 것은 개인적인 성공을 방해하는 어떤 장애물이나 장소도 허용하지 않으려고 하는 '끊임없이 위로 움직여 가는' 사람들을 말한다. 그들은 지역에 어떠한 애정도 갖고 있지 말아야 하며, 그 지역민의 관점에 서서는 안된다. 하나의 삶터를 훼손시키거나 위험에 빠뜨릴 수 있으려면 결국 그 삶터를 떠나고, 잊어버릴 수 있어야 하는 것이다. 어떤 삶터를 자신의 고향으로 생각해서는 안 되고, 다른 누구의 고향으로도 생각해서는 안 된다. 이 세계 어떤 삶터도 그 곳이 자기들의 계획대로 바뀌었을 때나 그 곳에서 빼앗아 낼 수 있는 것에 견주면 하찮은 것에 지나지 않는다고 믿어야 한다. 고향에서의 삶이란 날이 갈수록 세상의 땅과 생물들을 더욱더 특별한 것이 되게 하고 소중한 것이 되게 하지만, 출세주의자의 삶은 이 세계의 풍요롭고 조화로운 다양성을 오로지 '원재료'로 환원시키면서 세계를 일반화하고 만다.

  나는 지역에 대한 애정과 지역 관점에 선 사람들이 에너지 문제에 대해 올바른 관심을 가질 수 없다고 말하는 것이 아니다. 내가 말하려는 것은 그들의 관심은 질이나 종류를 막론하고 오늘날의 '전문가적' 관심과는 아주 다르다는 것이다. 그 지방 사람들이라면 자연과 인적 자원을 파괴하거나 삶터를 위태롭게 하는 에너지를 기꺼이 이용하려고 하지 않을 것이다. 자기들 동네를 위험하고 건강하지 못하게 만들면서 생활 향상을 이룰 수 있다고는 믿지 않을 것이다. 자기들의 공동체를 구하기 위해 바로 그 공동체를 파괴시킬 필요가 있다고는 결코 믿으려 하지 않을 것이다.

전문가 야만 계급에 들어가는 데 필요한 두 번째 조건은 '고등 교육'이다. 이 계급에 속할 수 있으려면 대학이 보증하는 면허장이 있어야 하는 것이다. 왜냐하면 진정한 정신의 질이나 상태가 어떻든지 이 계급은 지성을 가진 엘리트로 인정되기 때문이다. 이 계급이 자행하는 야만주의는 '머리를 쓰는' 행위로 이루어지고 있다. 손을 더럽혀야 하는 일이라면, 다른 사람의 손이 고용될 것이다.

이러한 전문가들 대부분은, 꽤 많은 공공 비용으로 원래 그 지역의 딸들과 아들들을 받아들여서 교육시킨 다음 고향으로 되돌아가게 해 자기네 공동체에 봉사하고 공동체를 굳건하게 하도록 한다는 분명한 설립 목적을 가진 대학이나 종합 대학에서 교육받았다. 그런데 결과는 그 대학들이 대개 이러한 설립 이념을 배반하고, 오히려 가장 우수한 두뇌와 재능을 뿌리 뽑아서 그들을 고향에서 멀어지게 하고는 이런저런 방면의 전문가로서 수탈적인 출세를 꾀하도록 유도했다는 것이 내 생각이다. 그리하여 그들은 다른 사람들뿐만 아니라 바로 자신들의 공동체와 고향에 대해서도 약탈자의 자리에 서게 된 것이다.

말할 것도 없이 진정한 의미의 교육은 봉사 — 살아 있는 인간 공동체와, 살아 있는 공동체가 이어받거나 이어받아야 마땅한 소중한 문화 가치들에 봉사할 수 있는 능력을 기르는 것이다. 교육한다는 것은 문자 그대로 '키워낸다'는 것, 즉 젊은 사람들에게 책임있는 성숙성을 심어주고, 주어진 것을 훌륭하게 돌보는 사람들이 되도록 돕고, 이웃 생명체들에 자애롭게 되도록 돕는 일을 말한다. 그러한 교육은 분명히 즐겁고 유익한 것이다. 많은 사람들이 이런 교육을 받아야 한다는 것은 이 세계에서 인간의 삶이 유지되는 데 반드시 필요한 일이기도 하다. 그리고 만일 이러한 교육이 잘 이용되려면 반드시 어떤 '곳'에서 이용되어야 한다는 것도 분명한 일이다. 그것은 사람이 살고 있는 곳, 그리고 앞으로도 계속 살려고 하는 곳, 즉 고향에서 이용되어야 하는 것이다.

교육 기관들이 고향을 떠나도록 사람을 교육시킬 때 그들은 교육이란 것을 '출세 준비'로 다시 정의내린 것이다. 그렇게 함으로써 교육을 상품, 즉 돈을 벌기 위해 '사들여야 하는' 어떤 것으로 만들어 버렸다. 이러한 교육관의 큰 잘못은 교육이란 것이 — 정말 참된 교육이라면 — 무상이라는 사실을 흐려 놓는 것이다. 물론 나는 학교와 책들이 여러 가지 비용을 요구한다는 것을 잘 알고 있다. 그렇더라도 나는 가르쳐지고 배우는 것이란 무상임을 확신하고 있다. 어떤 좋은 책의 가치가 종이와 잉크에 들어간 화폐 가치와 같다거나 훌륭한 가르침의 가치가 봉급 액수로 환산될 수 있다고 생각할 만큼 어리석은 사람은 없을 것이다. 가르쳐지고 배우는 것은 값을 매길 수 없는, 무상의 것이다.

교육의 상품화는 교육의 파멸을 초래한다. 우리가 교육에 값을 매길 때 우리는 교육의 가치를 떨어뜨릴 뿐만 아니라 교육의 수혜자들로 하여금 훌륭한 선물에 반드시 따르는 임무 곧, 선물을 잘 이용하고, 손상되지 않은 상태로 다른 이들에게 전해야 한다는 임무를 잊어버리게 만든다. 그리하여 교육이 사명감으로부터 멀어질 때 그 교육은 곧 탐욕을 위해 봉사하게 된다.

마블 힐 모임의 단상에 앉아 있던 사람들은 스스로를 '공복(公僕)'이라고 생각하고 있었는지 모른다. 그러나 그 사람들은 잘해 보았자 '일반' 대중을 위해 일하는 사람들이라고 할 수 있다. 이렇게 말하는 것은 실제로 그 사람들은 일반 대중의 한 부분에 대해서는 언제라도 적(敵)이 될 수 있기 때문이다. '일반적 이익'에 봉사하는 사람들로서 그들은 특정한 공동체의 삶터를 희생시킬 준비가 되어 있는 것이다. 물론 이것은 그 사람들이 공공의 이익과 자신들의 이익을 구별할 수 있는 아무런 신뢰할 만한 방법을 가지고 있지 않다는 뜻이기도 하다.

우리 앞에 나타났을 때 그 사람들은 자신들의 전문가적 관심과 야심에 따라 행동하고 있었다. 자기들이 할 수 있는 한 정직하게 우리를 안심시키러 온 것도 아니고, 우리의 정당한 불만을 바로잡아 주려고 온 것도 아니었다. 심지어 우리 불만이 과연 정당한지 어떤지 알아볼 생각도 갖고 있지 않았으며 다만 우리를 오도하기 위해서 왔던 것이다. 그들은 전문가들이나 쓰는 용어로 우리를 혼란스럽게 했고, 우리의 두려움이 무지스럽고 이기적인 것이라고 암시하였다. 그들이 우리들을 주목하는 방식은 간단히 말해 우리를 무시하는 태도였다.

그러므로 그 모임은 참된 의미의 모임이라기보다 오늘날 이 나라에서 빠르게 심화되고 있는 분열의 한 장면이었다고 할 수 있다. 그 분열이란 '고향'이나 '공동체'라는 말 속에 요약될 수 있는 가치를 지니고 있는 삶터의 건강과 온전함, 심지어 그 기본적인 생존을 지키려는 사람들과 그러한 낱말들이 아무런 의미가 없는 사람들 사이의 분열이다.

경제가 성장할수록 불행해지는 아이들

리차드 다우스웨이트

경제 성장이 가정과 일터에서 어른들에게 나쁜 영향을 끼쳤다면 아이들에게도 마찬가지로 나쁜 영향을 끼쳤다. 아이들은 가정의 파탄에서 오는 영향말고도 아동기의 중요한 요소, 즉 놀 자유를 잃어버렸다. 그 원인 가운데 하나는 늘어난 차량이 거리를 독점해버린 것이다. 1950년대까지는 아이들끼리 길거리에 나가도록 두어도 안전했다. 아이들은 저희끼리 학교에서 집까지 걸어오면서 도중에 온갖 모험을 할 수 있었고 자전거를 타고 친구 집에 가서 같이 놀자고 불러낼 수도 있었다. 여자아이들은 길에서 줄넘기를 하거나 인도에서 돌차기 놀이를 했고, 남자아이들은 웃옷을 벗어 땅 위에 쌓아 골을 만들고 축구를 하

리차드 다우스웨이트(Richard Douthwaite, 1942~) — 영국의 경제학자이자 저널리스트. 이 글은 '경제성장이 어떻게 소수를 부유하게 하고 다수를 가난하게 하였으며 지구를 위험하게 해왔는가?'라는 부제를 단 그의 최근 저서 《성장의 환상》(1992)의 한 장인 '경제성장으로 손상된 가족과 공동생활'의 일부를 옮긴 것으로 《녹색평론》 10호에 실렸던 것이다.

거나 담이나 나무울타리 뒤에 숨었다가 뛰어나와 친구들을 놀라게 하면서 순경과 도둑놈 놀이를 했다. 여자아이들은 흔히 어린 동생을 돌보아야 했기 때문에 보통 집 가까이에서 놀았지만 남자아이들은 하루 종일 보이지 않아도 부모들이 걱정을 하지 않았다.

1969년에는 영국의 일곱 살짜리 아이 90퍼센트가 혼자서 길을 건너도록 허용되었다. 차량이 아이들의 생활에 미치는 영향에 대한 '정책 연구소'의 주요 보고서인 《잘못된 진보》에 따르면, 1990년에는 22퍼센트만이 혼자서 길을 건너도록 허용되었다. 1971년까지만 해도 일곱 살짜리의 70퍼센트 이상이 큰 아이나 어른의 보호 없이 학교에 갔는데 1990년에는 그런 아이가 7퍼센트뿐이었다. 실제로 아이들을 데려다 주는 것이 어른의 주된 활동이 되었으며 1년에 90억 시간이나 차지하게 되었다. 그러나 이것만이 문제는 아니다. 초등학교 학생을 자동차로 학교에 데려다 주는 것이 1971년에는 9퍼센트였는데, 1990년에는 3분의 1에 이른다. 그리고 그 때문에 더 심해진 차량 정체가 다른 사람들의 시간을 잡아먹는다. 아이들을 학교에 데려다 주고 데리고 오는 일로 국민 전체에 13억 5천 6백만 시간과 1조 내지 2조 파운드의 돈이 들었다.

이 막대한 비용이 아이들 자신으로 보아서는 차량 증가의 영향 가운데 가장 심각하지 않은 문제였다. 아이들의 생활이 모든 면에서 훨씬 더 제한받게 되었다. 1971년에는 10살 이하의 아이들 79퍼센트가 혼자서 놀이터에 찾아갈 수 있었는데 1990년에는 43퍼센트만이 갈 수 있었다. 1971년에는 열 살짜리 아이의 79퍼센트가 혼자서 버스를 탈 수 있었는데 1990년에는 32퍼센트만이 탈 수 있었다. 1971년에는 자전거를 가지고 있는 초등학생의 3분의 2가 길에서 자전거를 타도록 허용되었는데 1990년에는 자전거를 가진 아이는 늘어났지만(67퍼센트에서 90퍼센트로 증가) 4분의 1만이 길에서 탈 수 있었다.

더 많은 아이들이 누군가와 함께 다녀야 한다는 사실은 아이들이 하는 일이 더 적어졌다는 것을 뜻한다. '정책 연구소' 보고의 조사자들은 어느 월요일 아침에 표본으로 정한 학교에 가서 아이들에게 주말 동안 무엇을 했는지 모두 말해 보라고 했다. 1971년에는 보통의 아이가 3.4 가지를 혼자서 했고 2.4 가지를 부모와 함께 했다. 1990년에는 혼자서 한 것이 겨우 1.8 가지고 부모와 함께 한 것은 1.7 가지였다. 통틀어서 보통의 아이가 한 활동 가짓수는 40퍼센트가 줄었다. 많은 부모들은 이 점을 걱정한다. 부모의 89퍼센트가 길거리에서 아이들이 안전할지에 대해 '상당히 걱정스럽다' 또는 '몹시 걱정스럽다'고 대답했고, 거의 80퍼센트가 자기들이 어린아이였을 때 혼자서 외출할 기회가 '더 많았다' 또는 '훨씬 더 많았다'고 말했다.

"집 밖에서 놀고 다른 아이들과 사귈 수 있는 안전한 환경이 없어지면서 확실히 집 안에서 하는 여가 활동이 늘어났다. 아이들의 생활은 집에서, 학교에서 그리고 학교 밖에서도 점점 더 많이 감시받고 있다"고 보고서는 말한다. 이것이 문제라고 조사자들은 생각한다. 자란다는 것은 본질적으로 점점 더 독립해 가는 과정이다. 더욱이 아이의 문화적 정체감(正體感)은 아이가 생활하는 다양한 환경과의 상호작용으로 만들어지는데 이런 상호작용의 범위가 제한되고 있는 것이다. "자신의 물질적, 정신적 필요를 스스로 충족시키는 능력이라는 뜻에서의 독립성을 가져야 할 필요성은 모든 아이들에게 공통된다. …… 그리고 사사로운 생활이 사라져 가고 심리적 정체성이 줄어들고 있다는 것이 근본적인 문제로 나타났다"고 조사자들은 끝맺고 있다.

1955년에서 1988년 사이에 아동 발달의 기회를 줄여 온 또 하나의 문제는 아이들이 점점 더 어린 나이에 학교에 다니기 시작한다는 것이다. '교육과학부'에 따르면 1950년대 중반에는 다섯 살 전에 학교에 가는 아이는 아주 적었고 1965년까지도 세 살짜리, 네 살짜리 아이의 15퍼센트만 학교에 다녔다. 1988년에는 그 또래의 48퍼센트가 학교에 다녔으며 그중 절반은 — 주로 네 살짜리들 — 전일 수업을 받고 있었다. 두 살짜리까지도 스무 명에 한 명이 학교에 다니고 있었다.

이런 변화를 만들어 낸 요인은 세 가지다. 아이들이 갈 수 있는 안전한 곳이 달리 없다는 점, 경제적인 필요 때문이거나 권태로움 때문에 일자리로 돌아가고자 하는 어머니들의 욕구, 그리고 결국 학력이 아이들의 미래를 크게 좌우하는 세상에서 아이들이 출세하기 바라는 부모들의 바람이 그 요인이다. (1988년에 일곱 살짜리 아이들에게 공식적인 시험이 도입되고 나서 상황은 빠르게 나빠졌다. 부모들은 아이들이 읽고 쓰기를 배우고 나서 입학을 하면 순조롭게 학교 공부를 하게 될 거라고 생각하여 '영국 조기교육 협회'에는 세 살, 네 살짜리 아이들의 유료 개인교습 문의가 들어오고 있다.)

어떤 전문가들은 학교 교육을 더 일찍 시작하는 세계의 경향에 대해 몹시 걱정하고 있다. 매사추세츠에 있는 터프츠대학의 데이비드 엘킨은 '아일랜드 입학전 유희단체협회'에서 간행하는 기관지 1990년 가을호에 다음과 같이 썼다.

'도먼 어린이 연구소'의 설립자이며 베스트 셀러 작가인 글렌 도먼은 수십만의 부모들에게 조기 교육이 아이들을 더 성공적으로 만들 수 있고 어른이 되었을 때 성공의 기초가 된다고 믿게 만들었다. (그의 방법은) 한정된 의미에서는 효과가 있다. 조기 교육은 자기 또래보다 훨씬 똑똑하고 능력 있게 보이고, 부모들의 자부심을 높여 주고, 손님들을 즐겁게 하는 '조숙한' 아이들을 만들어 낸다. 그러나 불행하게도 믿을 만한 모든 증거들은 이러한 이점은 오래 가지 못하고 오히려 아이들에게 장기적으로 심각한 위험을 끼친다는 것을 보여 주고 있다.

신동들은 잘못된 교육의 피해자들이다. …… 그 아이들은 자기 또래 아이의 마음과 몸이 감당할 수 없는 스트레스를 겪게 된다. 도먼주의자들은 최초의 학습 요인은 아이들 내면의 욕구지 부모의 야심이 아니라는 사실을 무시한다. 드물게 예외가 있기는 하지만 아이들은 여섯 살이나 일곱 살이 되기 전에는 읽기와 산수의 기초인 상징 규칙들을 배울 준비가 되어 있지 않다. ……부모가 아이들의 자연스러운 발달을 교란시키면 역효과가 생길 수 있다. 일찍 학습을 시작한 아이들은 흔히 나중에 더 많은 학습 장애를 겪는다. (그리고 또래에서 뒤떨어진다) …… 빠르게 변화하고 있는 세계에서 경쟁할 준비가 되어 있는 것이 아니라 결정적인 핸디캡을 지니게 되는 것이다.

지나친 조기 교육의 반작용에는 두통, 복통, 우울 같은 전형적인 스트레스 증상도 있다고 엘킨은 말한다. 아이들은 열등감 때문에 비정상적인 공격 성향을 갖게 되기도 한다. "어린아이들이 능력을 넘어서는 기술을 익히라는 요구를 받으면 실패에 대한 심한 두려움과 무력감을 느끼게 된다. 그 아이들은 흔히 탁아소나 유치원에서 문제아이가 된다. 사춘기에 이르면 학교를 그만두고 비행에 빠지기 일쑤다"고 엘킨은 쓰고 있다.

가장 좋은 유치원들 가운데 몇몇은 놀이에만 집중하고 읽기, 쓰기, 산수를 가르치라는 부모들의 압력에 잘 버티고 있다. 하지만 그 '놀이'는 세심하게 통제되고 조직되어 있으며, 오직 제한된 범위 안에서 또는 앉은 채 하는 놀이들로, 아이들이 제멋대로 놀 때 하는 활기차고 창의적이며 몸을 많이 움직이는 놀이와는 매우 다르다. 방과 후의 시간도 나을 것이 없다. 부모들은 아이들을 집으로 데려가서 식사를 준비할 때까지 텔레비전 앞에 놓아 두거나 날씨가 괜찮으면 뒷마당에 나가서 운동을 하도록 허락한다. 마치 개나 고양이처럼. 다른 아이들과 뛰어다니고 나무에 기어오르고 담 위를 걸어다니는 따위 이런저런 모험을 해보는 범위가 사실상 몹시 한정되어 버렸다.

간단히 말해서, 우리가 조사한 기간 동안 차량이 늘어나 아이들 대부분의 발달이 제한되어 버린 것이다. 그리고 이것이 부분적인 원인이 되어 난독증이 눈에 띄게 늘어나게 되었다는 강력한 증거가 있다. 난독증은 아이들이 단어를 하나의 전체로 볼 수 없는 학습 장애인데, 이 증세를 가진 아이는 읽고 쓰기를 제대로 하지 못하고 흔히 글자를 역순으로 쓰거나 철자를 제대로 알지 못한다. 우울증의 경우처럼 난독증 증가 현상도 정확한 수치로 나타나 있지는 않다. 그런 자료가 없는 이유를 '영국 난독증협회' 대변인은 '난독증은 막연하고 애매모호한 증상이기 때문'이라고 말했다.

흔히 난독증은 타고나는 결함이라고 생각되었다. 난독증이 늘어난 것은 겉으로 볼 때 교사와 부모들이 비교적 최근에야 난독증이 존재한다는 것을 알게 되었기 때문이라고 생각된다. 전에는 아이가 철자를 모르면 바보라서 그렇다고 생각했다. 중산층 아이들이 그런 증세를 보이는 경우가 특히 많은 것은 중산층 부모들이 그런 것을 더 잘 알고 있고 그런 문제를 전문가와 상의하는 경우가 더 많기 때문일 것이다.

그러나 난독증 증세에 대한 또 다른 설명이 있다. 특히 루돌프 슈타이너와 마리아 몬테소리의 영향을 받은 교육학자들과 '작업 요법가들: Occupational Therapists'이 인정하고 있는데, 만일 아이들이 감각 자극을 충분히 받지 못하면 두뇌가 적절히 조직되지 않고, 따라서 학습 장애를 일으키게 된다는 설명이다. 눈과 귀와 코로부터 적절한 자극을 받으면 문제가 생기는 경우가 드물다. 그러나 보살핌을 받지 못한 아이들은 신체 접촉에 굶주릴 수 있고, 몸 전체를 움직이는 놀이를 해보지 못한 아이들은 몸의 각 부분의 상대적 위치를 알게 해주는 적절한 신체 체계를 발달시키지 못한다는 것을 뜻할 수 있다.

공 던지고 받기, 흔들목마타기, 줄넘기, 그네타기, 돌차기 같은 모든 전통 놀이에서 아이들의 두뇌는 상대적인 동작에 관한 정보를 활발하게 처리한다. 놀이터에서 하는 축구는 그러한 활발한 정보 처리를 포함하면서, 또 몇 가지 다른 놀이처럼, '작업 요법가들'이 특별히 중요하게 생각하는 요소, 즉 '중앙선 가로지르기' — 손발의 한 쪽을 반대쪽에 두고 무언가를 하는 동작(예를 들어, 오른쪽 손으로 왼쪽에서 공을 받는 동작)을 포함하고 있다. 그러나 이런 놀이들은 거의 사라져 버렸고 아직 남아 있는 곳에서도 그런 놀이를 하는 것은 보통 '하류층' 아이들이다. 중산층 아이들은 성공 지향적인 부모들을 따라 많은 전통 놀이들은 유치하고 바보 같으며, 출세를 하려면 인생을 더 심각하게 받아들여야 된다고 생각한다. 어쨌든 그런 놀이를 하면 옷을 더 럽히게 되니까.

몸을 움직이는 놀이를 충분히 해 보지 않은 아이는 동작이 둔한 아이들의 전형적인 증상, 즉 눈을 감고 한 발로 잘 서지 못한다든지, 좌우를 혼동한다든지, 던진 물건을 잘 잡지 못한다. 또 다른 증상으로 안구 진탕증이라는 것이 있는데 무엇인가에 초점을 맞추려고 할 때 자신도 모르게 눈동자를 빠르게 움직이는 증세다. 1990년에 세필드대학의 로드 니콜슨과 앤젤라 포셋은 이런 증세가 학습 장애와 연관되어 있음을 보여주었다. 많은 활동은 자동차 운전처럼 의식적인 생각 없이 기본 동작을 하는 데 의존하고 있다. 이러한 자동 행동을 난독증 아이들은 할 수 없다. 그 아이들은 동작 하나하나를 의식적으로 생각해야 한다.

한 실험에서 니콜슨과 포셋은 열두 살짜리 난독증 아이들과 보통아이들에게 바닥보다 조금 높게 마련된 굵은 각목 위에 올라서게 했다. 모두 잘 했다. 하지만 그렇게 올라선 채로 16에서 23까지 셈을 세라고 하자 난독증이 있는 아이들은 몸의 균형을 유지하지 못했고, 오직 한 명만이 그대로 서 있을 수 있었다. 그러나 정상 아이들은 아무 문제 없이 해낼 수 있었다. 더욱이 난독증 아이들이 경험하는 어려움의 정도는 읽기 능력에서의 결함 정도와 상관 관계가 있었다.

동작이 둔한 증상이 읽기 장애와 관련이 있다는 생각은 미국의 '작업 요법가' 진 아이어즈가 1977년에 펴낸《감각의 통합과 학습 장애》라는 책에서 처음 제시했다. 그보다 나중에 펴낸《감각의 통합과 어린이》(1979)라는 책에서 같은 저자는 4년 동안 학교에 다녔는데도 다섯 살짜리 보통 아이 만큼밖에 글을 읽지 못하는 아홉 살 된 봅에게 어떤 치료를 해 주었는지를 밝히고 있다. 봅은 지능 테스트로는 다른 아이 못지않게 똑똑하다는 것을 보여 주었지만 글자를 제대로 쓰지 못하고 산수도 뒤떨어져 있었다. 봅은 나뭇조각을 보지 않고 손으로 만져 보기만 해서는 세모와 네모를 구별하지 못했다. 그리고 말도 잘 알아듣지 못했고 특히 다른 소음이 들릴 때는 더 심했다. 누가 자기를 건드리는 것을 싫어했고 활동과다증이었으며 주의가 산만했다.

이러한 봅을 치료하는 일은 신축성이 있는 밧줄로 만든 외줄 그네에서 몇 시간이고 계속해서 그네를 타도록 내버려 두는 것이었다. 아이 스스로 선택한 활동이었다. "내가 아이들 내면에서 나오는 욕구와 방향 지시를 신뢰하지 않았다면 그 아이가 그렇게나 오랫동안 똑같은 일을 되풀이하도록 하지 않았을 것이다. 어떤 때는 더 다양한 프로그램을 마련해야 할지 모른다고 느꼈지만 나는 그 아이 내면의 욕구가 결정하도록 두었다"고 아이어즈는 말하고 있다.

한 주일에 두 시간씩 그네타기를 한 지 너댓달이 지나자 봅 스스로 활동을 바꾸어 닥치는 대로 아무것에나 기어올라가서는 뛰어내리기를 했다. 나중에는 천장에서 늘어진 밧줄에 매달려 그네를 타면서 벽 따라 늘어놓은 마분지로 된 원통을 걷어차며 시끄러운 소리를 내곤 했다. 그런데 일년이 지나자, 그 동안 실제 치료를 받은 것은 6개월뿐이었는데 봅의 읽기 능력은 삼년 정도 진보했고, 쓰기는 18개월, 산수는 일년 정도 나아졌다. 봅의 경우가 특이한 것은 아니다. '감각 통합'에 관한 문헌에 나와 있는 많은 사례를 보면 아이들을 몇 달 동안 여러 가지 유형의 놀이 장치를 사용하게 하는 것이 학습 능력 향상에 도움이 된다는 것을 알 수 있다. 그렇게 짧은 동안의 온몸 활동이 그처럼 눈에 띄는 효과를 낳는다면, 일편단심 경제성장만을 추구해온 사회가 오늘날 아이들의 놀이 생활을 몹시 제한해 왔음이 틀림없다.

일하기와 교육

이오덕

사람의 길

고양이가 공을 가지고 노는 것을 보면, 먹이를 얻기 위한 운동과 놀이가 하나로 되어 있음을 알 수 있다. 사람이 하는 일과 놀이의 관계도 원시사냥시대에는 틀림없이 고양이의 경우와 같았을 것이다. 짐승을 잡지 않고 모여 놀 때도 짐승을 잡는 흉내를 내면서 놀았을 것이고, 짐승을 잡았을 때는 그것을 둘러싸고, 또는 잡은 것을 어깨에다 메고 좋아라 춤을 추고 노래(라기보다 고함소리 비슷한 것이었는지 모르지만)를 불렀을 것이다. 그들이 쓴 무기 — 돌도끼나 창, 활 같은 것에는 여러 가지 짐승의 모양을 새겨서 그런 것이 잘 잡히도록 바랐을

이오덕 — 40여 년 동안 주로 농촌 학교에서 아이들을 가르치면서 글쓰기 교육을 연구하고 실천했으며, 퇴직한 뒤로는 한국글쓰기교육연구회를 이끌면서 글쓰기 교육과 어린이 문학 그리고 우리말 살리기에 온 힘을 쏟았다. 이 글은 한길사에서 펴낸 《삶과 믿음의 교실》에 '노동과 교육'이란 제목으로 실었던 것을 손수 다시 다듬어 쓴 글이다. 2003년에 돌아가셨다.

것이다. 이리하여 놀이와 운동경기는 물론이고 과학, 예술 같은 모든 문화가 일을 하는 가운데서 생겨났다고 할 수 있다.

그런데 사냥시대에서 떠돌이 짐승기르기시대를 지나 어느 땅에 자리잡아 농사를 짓게 된 때부터 땅을 개인이 차지하는 권리가 주장되고, 노예라는 계급이 생겨나게 되었다. 모든 사람들이 함께 하게 되고, 그리하여 즐겁고 슬기가 샘솟고 새로움을 만들어내는 근원이 되었던 일하기가 이때부터 차츰 그 모습을 달리하게 된다. 일만을 맡아하는 인간이 있게 되고, 한편 그 일의 결과를 즐기는 사람이 따로 있어서, 일과 놀이와 운동이 사람 따라 나눠지고, 아주 다른 것으로 따로 이해되었다. 예술 또한 일하는 삶에서 생겨나지 않고 그것만을 맡는 사람이 있어, 삶에서 떠난 음악과 미술과 문학이 놀이만을 즐길 수 있는 사람을 위해 만들어지게 된 것이다. 이런 현상은 봉건시대를 지나 근대산업사회에 들어와 더욱 심해지고, 현대에 와서 그 한끝에 이르렀다.

일과 놀이가 갈라진 것은 인격이 갈라진 것이요, 인간이 찢어진 것이었다. 찢어진 인간이 만들어낸 기계문명은 이제 지구상의 자연자원을 말라붙게 하고, 모든 자연을 부숴버렸다. 온갖 문명의 연모와 생물을 학살하는 무기는 인간정신을 타락시키고 인간을 죽음의 길로 몰아가고 있으며, 겨우 남은 자연마저 비참한 기계로 만들었다. 사람의 손이 기르는 모든 생물이 기계로 되었다. 알 낳는 닭도, 젖 짜는 소도, 사과나무까지 그렇다. 자연이 이러하니 사람은 말할 것 없다. 일하는 기계, 계산하는 기계, 노래하는 기계, 그림 그리는 기계, 글을 꾸며 만드는 기계, 남의 말 받아 지껄이는 기계, 돈버는 기계… 아이들에게 지식을 가르치는 것도 기계다. 인간을 기계로 만드는 커다란 기계장치, 이것이 우리가 살고 있는 현대 사회의 숨김없는 모습이다.

우리는 여기서 인간의 역사와 현대문명이 병든 섬뜩한 모습을 보게 된다. 만일 우리가 한갓 기계로 만족할 뿐이고 앞날로 가는 어떤 새로운 길을 찾지 않는다면 사람으로 살아가기를 그만둔 것이다. 만일 여기서 우리가 사람이 되기를 바란다면 이와 같은 기계장치를 그 근본부터 따져 우리 스스로 잡혀 있는 그 틀에서 벗어나려 해야 할 것이다. 일을 하면서 일의 참맛을 알고 일의 참뜻을 깨달아 사람다운 삶을 찾아가지는 것, 이것이 우리 사람이 살아갈 오직 하나의 길이다.

교원은 노동자

교원을 노동자라고 말하면 대부분의 교원들은 어떤 반감 같은 것을 가질 것 같다. 그러나 여전히 나는 교원은 노동자라고 말하고 싶고, 노동자가 되어야 한다고 믿는다.

'교원은 노동자'라는 말을 받아들이지 않는 사람은 노동이라는 말의 참뜻을 알지 못하기 때문이다. 노동이란 공부를 못해 무식한 사람, 머리가 똑똑하지 못한 사람이나 어쩔 수 없이 하는 것이란 생각이 마음 깊이 박혀 있기 때문이다. 만일 노동이 사람과 역사를 만들어 내고 문화를 창조하는 위대한 행위라는 것, 그래서 그것은 자본주의 국가든지 공산주의 국가든지 모든 나라의 사람들이 누구나 해야 하는 인간의 권리요, 의무라는 것을 깨닫는다면 노동자라고 할 때 오히려 영광스럽게 여길 수 있을 것이다.

오늘날 인간의 노동이란 것이 재물이 그렇듯이 매우 고르지 않게 나누어져 있고, 그 결과 노동이 인간에게 삶을 창조하고, 지혜를 주는 즐거움보다는 오히려 몸과 마음에 고통을 주는 것으로 알려져, 될 수 있는 대로 그 고통을 멀리 하고 싶어하는 풍조가 널리 퍼져 있는 것은 사실이다. 그래서 교육도 어떻게 하면 노동을 안 하거나 덜 하고 남의 노동의 결과만을 맛보고 이용하는 입신출세의 길을 갈 수 있는가를 가르치고 있는 현실이고 보면 교육자를 노동자라고 하는 말이 신성한 직업에 종사하는 사람들을 욕되게 하는 소리로 들릴는지 모른다. 그러나 노동이야말로 신성한 것이며, 교육자는 노동자로서 올바른 자신을 깨닫는 데서 비로소 참된 교육자 노릇을 할 수 있다고 본다.

우선 옷부터 일하기에 편리한 옷을 입어야 한다. 일옷이라야 흙내 땀내 나는 아이들의 손목을 잡을 수 있고 함께 뒹굴 수도 있다. 넥타이 차림의 신사 숙녀복으로 과연 무슨 교육을 할 수 있을까? 교단에서 설교나 하고 아이들을 호령하기만 해서 교육이 되는 것이라면, 소매나 바지에 먼지만 묻어도 탈탈 털고 지내면 될 것이다. 그러나 그런 모습이 참된 교육자의 모습일 수 없다는 것은 너무나 분명하다. 나는 오늘날 장학인사들이 왜 교원들의 '복장'에 대해 그처럼 간섭하여 넥타이와 신사복 차림을 필요 이상으로 강조하는지 도무지 알 수가 없다. 교육자의 위신을 외모로 갖추려 하는 것이 한심하다. 그렇잖아도 속은 비고 겉만 꾸미고 다니는 것을 자랑삼고 있는 사람들이 아닌가. 입술과 손톱을 빨갛게 물들이고 굽높은 구두를 신고 아이들 앞에 서 있는 여교사가 교육을 제대로 할 수 있으리라고 나는 믿지 않는다.

노동 없는 학습과 학습 없는 노동

아직 학교에 가지 않은 너댓 살짜리 아이를 기르는 부모들이라면 흔히 느끼는 일이겠는데, 놀아주는 상대도 없고 돌봐주는 어른도 없는 아이는 언제나 골목에서 이웃 아이들이 과자 사 먹는 것만 보게 되고, 그래서 먹는 것에만 마음이 가서 부모들의 걱정거리가 된다. 이런 아이를, 모처럼 맞는 일요일 같은 때에 그 부모들이 아이를 위한다고 가게에 데려가서 먹을 것을 사준다면 크게 어리석은 짓이다. 차라리 어머니가 빨래하는 데라도 데려가 보라. 그 아이가 얼마나 열심히 빨랫감을 주무르고 물을 긷는 시늉을 하기에 열중할 것인가. 먹는 것 따위 다 잊어버리고.

사람이란 본디 이렇게 손발을 움직이며 일(놀이)을 하게 되어 있다. 사람은 일을 해야 착해진다. 일을 안 하고 일을 못하게 될 때 사람의 몸은 병들고 마음은 악해지는 것이다.

앞에서 고양이의 공놀이를 얘기했지만, 아이들의 행동을 관찰하면 일과 놀이가 따로 나누어져 있지 않음을 알 수 있다. 빨래하고 동생보고 심부름하는 것 모두가 그렇다. 아이들이 교실 청소를 하는 것을 보고 장난친다고 야단치는 교사가 있다면 그는 아이들을 모르는 사람이다. 훌륭한 교사는 장난치고 노는 것이 청소가 되도록 한다. 학습이란 이와 같이 하여 그 가장 중요한 부분에서 일과 놀이를 함께 하는 가운데 훌륭한 효과를 거두는 것이다. 어미 고양이는 새끼들에게 쥐 잡는 방법을 다만 며칠 동안에 완전히 가르치는데, 그것은 참으로 재미있는 놀이로 되어 있다. 그런데 사람의 경우 요즘 같으면 6년을 가르쳐도 제 혼자 힘으로 살아가는 방법을 배우기는커녕, 겨우 생각을 서로 알고 알리는 글자 읽는 것조차 제대로 못하고 있는 것 같으니 이런 졸렬한 교육이 어디 있는가.

교육이 아이들의 삶과 마음을 바탕으로 해서 알맞게 이뤄지지 못하고 있기 때문이다. 일은 일대로, 놀이는 놀이대로, 학습은 학습대로 억지로 나누어 매우 부자연스럽고 무리한 형식의 교육을 하고 있다. 우선 학교의 일과표부터 그렇게 짜여 있어서, 학습 시간에는 일과 놀이를 할 수 없게 되어 있다. 공부 자체가 일과 놀이의 아동생활과는 상관이 없는 것으로 되어 낱조각인 뜻없는 지식을 외우기만 하게 한다. 시험 점수를 따기 위한 교과서 중심의 공부를 경쟁으로 하는 것이다. 이 뜻없는 시험준비 공부는 학교에서뿐 아니라 집에 가서도 잠잘 시간을 줄여 가면서 숙제를 하게 되어 있고, 입학시험에 떨어지면 학원에 가서 계속하게 되어 있다. 교육의 목표가 무엇이라고 하든지, 실제 아이들이 하고 있고 강요당하고 있는 공부란 것은 '홍익인간' 도 아니고 '생활에 필요한 기초기능' 도 아니고 오직 시험점수 따기다. 삶에서 떨어져 있고 일과 놀이가 빠져 있는 학습이요, 사람을 병신 되게 하는 빈 지식을 얻어 가지는 것이다.

아이들의 학교 생활을 보면 일과 놀이와 학습을 기계같이 나누어놓는 잘못을 너무나 잘 느끼게 된다. 초등학교의 경우 학습 시간 40분에 쉬는 시간이 10분인데, 학습 시간에 놀이를 하지 못한 아이들은 쉬는 시간에 비로소 해방된 느낌으로 운동장에 풀어 놓이지만, 용변이라든가, 다음 시간의 준비 때문에 놀이를 할 틈이 없게 된다. 이래서 놀 기회가 없는 아이들은 늘 억눌린 마음으로 공부만 하기 때문에 공부의 효과도 제대로 오르지 않는다.

또 아이들은 공부 시간에 발 밑에 떨어져 있는 종이 조각도 주워버릴 줄 모른다. 그런 것은 청소 시간에나 하는 일이기 때문이다. 그리고 이 청소 시간은 쓸고 닦을 것이 없어도 반드시 하게 되어 있다. 청소 시간이 아니면 청소할 줄 모르고, 청소 시간이면 할 필요가 없어도 해야 하는 기계가 되었다. 누구든지 기계가 된 이 아이들을 다시 자유스러운 사람으로 되돌아가게 해 보라. 그것은 노예를 자유인으로 만드는 일에 못지않게 힘든다는 것을 깨닫게 될 것이다. 우선 교사들이 아이들을 그러한 사람으로 키우는 데 관심이 없고, 편안하고 게으른 기계로 만족하여 거기서 벗어나기를 바라지 않는 벽에 부딪힐 것이다.

아이들은 학교에서 어떤 일을 어느 만큼 하고 있는가? 교사가 실과 시간 같은 때에 실습 계획을 세워 일을 시키는 수도 있지만, 그냥 일만을 강요하는 경우가 흔하다. 이것은 주로 학교의 재정 사정 때문이다. 많은 교실과 부속건물, 운동장, 교재원, 울타리, 실습지를 모두 관리하자니 적지 않은 돈줄과 관리에 필요한 직원이 있어야 하는데, 돈줄은 모자라고 사람도 모자라니 아이들의 힘을 빌게 된다. 더구나 아이들을 참된 사람으로 키워가는 일보다 학교의 겉모습을 다듬어 교육을 잘 하는 것처럼 보이지 않으면 안 되는 질서에서는 가장 손쉬운 것이 실습이란 이름으로 아이들을 부리는 것이다. 이런 일하기는 과외활동으로 하기도 하고 실과나 그밖의 교과시간을 이용하는 수도 있지만, 아무튼 보람이나 목적을 깨닫도록 하지 않고 과정이 무시된 단순한 노동 — 학습이 없는 노동인 것만은 사실이다. 아이들은 무엇 때문에 땅을 파고 돌을 날라야 하는지 모르고 알아도 그것을 몸으로 절실히 깨닫지 못하고 다만 시키니까 어쩔 수 없이 하는 것이다.

어느 학교든지 날마다 되풀이하는 노동에 청소가 있다. 이 청소 시간은 아이들의 인격을 이뤄가는 귀한 시간인데도 이 시간을 제대로 지도하는 교사가 거의 없다. 교사로서는 직접 가르치지 않아도 좋은, 아이들한테서 해방이 되는 시간으로, 그저 검사와 상벌로 닦달하기만 하면 되는 시간으로 알고 있고, 아이들에게는 귀찮고 괴롭고 말썽 많은 시간이 되어 있다. 학교의 하루 생활 시간표에는 뚜렷이 들어 있지만, 학습과는 아주 바탕이 다른 귀찮은 노동을 하는 시간으로 되어 있다.

그러나 놀이와 일을 하나로 체험하는 참된 노동의 경험을 쌓게 하고, 개인과 전체의 관계를 생각하게 하며, 사회의 문제를 함께 의논하여 해결하게 하는 가장 귀중한 시간이 바로 청소시간이다. 여기서 일을 분담하여 능률을 올리는 방법을 익히고, 자기 일을 자기가 처리하는 태도를 갖게 되고, 남을 도울 줄 알아 모두가 협동하여 일을 하는 따위, 참으로 많은 것을 배우게 되어 하루의 학교 생활 중 원만하고 건강한 인격을 이뤄갈 수 있는 가장 요긴한 시간인 것이다.

그런데 교육 현장에서 이 청소 시간은 아주 버려져 있다. 아이들은 교육이 없고, 교사가 없는 공간에 버려진 존재가 된다. 여기서는 흔히 힘이 센 아이, 빽(?)이 있는 아이가 노동하는 아이들을 감시한다. 그들은 대개 급장이나 반장으로 되어 있는데, 교사를 대신하여 매를 들고 독려하는 것이다. 어른들도 하기 꺼려하고, 그 현장에 가 보기도 싫어하는 변소(화장실) 청소를 거의 아무런 용구도 없이 저학년 때부터 하기를 강요당하고 있는 것도 누구나 알고 있는 사실이다. 이리하여 아이들은 일만 꼬박꼬박 하는 정직한 사람보다 게으르고 꾀부리는 사람이 언제나 우월한 자리에서 남을 부리며 편안히 살게 된다는 어른

사회의 실상을 이 청소시간에 체험하게 되는 것이다.

참 교육을 위해

아이들의 삶이 놀이와 일과 학습으로 갈라진 것은 가정에서부터 그렇다. 부모들은 공부라면 책 읽고 글 쓰고 산수 셈하는 것쯤으로 알고, 책이라면 교과서나 학습 참고서나 시험 문제집으로만 알고 있다. 물론 이것은 학교 교육이 그렇게 되어 있기 때문이다.

일·놀이·학습의 분열은 한 아이를 두고 보아도 그러하지만, 아이와 아이를 견주어 보아도 잘 알 수 있다. 가정에서 지나친 노동을 강요당하는 아이가 있는가 하면, 일과는 아주 인연이 없이 놀기만 해야 하는 아이가 있고, 공부만을 몸에 병이 들도록 해야 하는 아이가 있다. 대체로 농촌과 산촌의 아이들이 일을 너무 많이 하고 있고, 도시 아이들은 일이란 것을 모르고 놀기만 하거나, 잡동사니 지식을 외우는 공부만 억지로 하고 있다.

이것은 어느 편의 아이든지 원만한 인격을 이루기 어려운 것으로 매우 불행하다. 아이들을 잘못된 사회에 억지로 맞추게 해서 비참한 기계의 부속품으로 만드는 짓이다. 이 아이들이 학교에 가서는 더 철저하게 조직된, 일·놀이·공부가 갈라진 삶을 겪게 되는데, 이리하여 아이들은 건강한 사람의 성품을 가질 수 없게 되고, 그들의 인격은 속에서부터 갈라지게 된다. 남이야 어찌되든지 나만 살면 그만이라는, 우리 사회에서 가장 해로운 생활태도를 몸으로 익힌 인간 무리가 쏟아져 나오는 까닭이 여기에 있다. 텔레비전과 오락 잡지와 그밖의 모든 문화 시설이 소비 생활을 위주로 하는 사람들의 놀이와 향락을 선전하고 있지만, 가정과 학교의 교육부터 이렇게 되어 있는 것이다.

　어린이를 사람으로 키워가는 참된 교육을 해야 한다. 일과 놀이가 그대로 공부가 되는 교육을 해야 한다.

아이들을 건강한 파괴자로 길러야 한다

윤구병

죽어가는 도시 아이들을 살리려면

인류 역사에서 오늘날 도시 아이들처럼 불행한 환경에서 아이들이 자란 적이 없었다. 자연과 동떨어진 인공의 외딴 섬에서 수많은 아이들의 감각과 의식이 잠들거나 죽어 가고 있다. 늘어나는 청소년 범죄는 아이들을 점점 자연과 격리시켜서 살벌한 시멘트 벽에 가두어 놓은 어른들의 범죄 행위에 대한 보복으로 보아야 한다.

아이들을 기르는 부모들이 잊어서는 안 되는 일이 몇 가지 있다.

첫째는 아이들의 감각을 제대로 일깨워 주어야 한다는 것이다. 그런데 도시의 삶에서는 이 일이 거의 불가능에 가깝다. 갓 태어나서 살갗이 부드럽고 입맛과 냄새를 생생하게 느끼고 눈과 귀가 상하지 않은

윤구병 — 지금 변산에서 농사를 지으면서 새로운 공동체와 실험학교를 준비하고 있다. 여기에 소개하는 글은 그러한 꿈을 그린 책 《실험학교 이야기》(보리)에서 뽑은 것이다.

아이들에게 감각을 제대로 일깨워 주는 일은 사람이 하는 일이 아니다. 그것은 자연만이 할 수 있는 일이다. 감각의 기초 정보를 자연에서 얻지 못하면 그 사람은 자라서도 자연 속에서 자연과 더불어 살 힘을 기를 수 없다. 유럽의 오래된 도시들이 곳곳에 넓찍한 공원을 만들고 아이들을 그 안에서 뛰어 놀게 하는 것은 살벌한 도시 안에서나마 아이들에게 자연과 가깝게 해서 감각이 비뚤어지지 않게 하려는 배려라고 보아도 좋다. 도시 사회를 건설한 우리 나라의 지배 세력의 의식 속에는 아이들에 대한 이와 같은 최소한의 배려도 없었다. 따라서 우리의 도시는 모두 죽음의 땅이 되어 버렸다. 이 죽음의 땅에서 벗어나는 길을 찾자는 것이 새 학교를 중심에 둔 새로운 공동체를 건설하려는 동기의 하나라고 할 수 있다.

둘째는 아이들을 충분히 놀려야 한다는 것이다. 아이들 문화는 놀이 문화다. 아이들은 노는 가운데 일할 힘을 기르고 공동체의 성원으로 자란다. 아이들 놀이는 혼자 방에 누워 빈둥거리는 것이 아니다. 가장 좋은 아이들 놀이터는 자연이다. 이 놀이터에서 아이들은 떼지어 논다. 놀되 그냥 노는 것이 아니라 일정한 규칙을 만들면서 논다. 이 규칙은 어른들이 정해 놓은 것일 수도 있고 아이들 스스로 만들어 낸 규칙일 수도 있다. 그러나 어떤 경우이든 아이들이 자기네 것으로 받아들인 것이다. 따라서 이 놀이의 규칙을 따르는 것이나 만드는 것이나 고치는 것이나 모두 자기들 생각대로 한다. 노는 가운데 아이들의 감각과 신체 운동은 통일을 이루고 사회성은 북돋워진다.

노는 아이들을 보면 쉴 새 없이 손발을 '놀리고' 온몸을 '놀린다.' 이 과정을 통해서 손 따로 발 따로 몸 따로 놀던 운동 감각의 통일이 이루어지고 생각에 따라 손발과 몸이 움직이게 된다. 일을 할 준비가 이루어지는 것이다. '부지런히 일한다'는 뜻으로 쓰는 우리말이 '손발을 열심히 놀린다'로 표현되는 것은 우연이 아니다. 손을 열심히 '놀리고'(놀게 하고) 발을 열심히 '놀리고'(놀게 하고) 온몸을 열심히 '놀려야'(놀게 해야) 일을 잘 할 수 있다.

셋째는 끼리끼리 어울리게 해야 한다는 것이다. 일정한 나이가 지나서도 혼자 노는 버릇이 있는 아이를 둔 부모는 그 아이를 눈여겨보아야 한다. 특수한 경우가 아니라면 자폐 증세가 있는 아이를 빼고는 혼자 놀려는 아이가 거의 없다. 아이들은 또래들이 함께 어울려 끼리끼리 논다. 함께 놀면서 말도 배우고 사회성도 기르고 올바른 행동거지가 무엇인지도 깨닫는다. 그리고 이기심을 억제하고 욕심을 없애는 법도 배운다. 어른의 금지 명령이나 설득은 아이들이 말귀가 열리는 나이에 이르지 않으면 공염불일 뿐이다. 도리어 아이의 가장 훌륭한 선생은 그 아이보다 한두 살 더 많은 언니나 오빠다. 아이들 세계와 어른들 세계는 다르다. 따라서 어른들 삶의 규범은 일정한 변형을 거치지 않으면 아이들에게 받아들여지지 않는다.

넷째는 자유롭게 느낌과 생각을 드러내도록 부추겨 주어야 한다는 것이다. 아이들은 형태보다 소리에 더 민감하다. 처음에 개를 보고 네발짐승의 특징을 구별하기 시작한 어린애는 한참 동안 소를 보아도 개라고 하고 말을 보아도 개라고 한다. 그러다가 세부적인 차이를 가려볼 나이가 되어야 비로소 말을 말이라 하고 소를 소라고 한다. 그러나 소리로 사물을 식별하는 능력은 훨씬 더 빨리 자란다. 그래서 개를 개라고 하는 것보다 '멍멍이'라고 하면 더 빨리 알아보고 고양이보다는

'야옹이'가, 닭보다는 '꼬꼬'가 훨씬 더 빨리 아이들에게 말과 사물의 관계를 깨우쳐 준다. 그리고 같은 사물이라도 움직이고 있는 모습이 움직이지 않는 모습보다 훨씬 더 아이들의 눈에 잘 띈다. 그래서 의성어와 의태어, 그리고 여기에 따르는 소리 흉내와 몸짓 흉내가 아이들의 놀이 문화의 큰 부분을 차지한다. 노래하고 춤추는 것은 아이들이 자기를 둘러싼 자연 세계, 그 가운데서도 생명 세계에 동화하고 그 세계를 이해하는 자연스러운 경로라고 할 수 있다. 이 소리 흉내와 몸짓 흉내가 바탕이 되어 아이들의 신명이 자란다. 손의 특수 기능을 요구하는 그림 그리기는 아이의 손동작이 어느 정도 자유로워지고 난 뒤에야 시작되는데 손 동작이 자유로워지고 난 뒤에도 손과 눈의 협응 관계는 귀와 입의 협응 관계보다 뒤늦게 이루어진다고 보아야 한다.

어쨌거나 아이들은 자기가 감각 기관을 통해서 받아들인 만큼, 그리고 놀이를 통해서 손과 발과 몸을 자유롭게 움직일 수 있는 만큼 표현한다. 그런데 도시 환경은 아이들의 감각 기관을 제대로 성장시키는 데 큰 장애가 된다. 그리고 마음놓고 뛰놀고 뒹굴 곳이 없는 도시 공간은 아이들의 몸 동작을 크게 제약한다. 이런 악조건 속에서 자라는 아이들이 자유롭게 자기 표현을 할 수 있기를 기대하는 것은 삶은 밤에 싹 나기를 기다리는 것이나 진배없다.

자연으로, 자연을 이루고 있는 생명의 세계로 열려야 할 감각의 문이 어린 시절부터 굳게 닫히고, '너'와 '나'를 한동아리의 '우리'로 묶어줄 말조차 잃어버린 도시 아이들이 불우하지 않다면 이 세상에 누가 불우하겠는가?

삶의 환경이 바뀌지 않으면, 다시 말해서 도시 아이들을 자연으로 이끌어 내 그 아이들의 죽어버린 감각을 되살려내지 않으면 부모나 교사가 아무리 큰 사랑과 신념과 의지를 가지고 아이들을 악의 구렁텅이에서 건져내려고 애쓰더라도 헛수고일 것이다. 본드 냄새를 맡는 아이들을 고칠수 있는 곳은 병원도 아니고 감화원도 아니다. 아이들이 본드 냄새를 맡거나 환각제를 복용하는 것은 죽어가는 감각을 되살리려는 마지막 몸부림이라고 할 수 있다. 그러나 그렇게 한다고 해서 감각이 정말 되살아나지는 않는다. 그렇게 해서 생생해지는 감각은 '환각'일 뿐이다. 본드나 환각제를 복용하지 않고도, 폭력을 사용하지 않고도, 감각과 인간성을 생생하고 따뜻하게 되살려 줄 유일한 곳은 자연과 자연 속에 자리잡고 있는 생산 공동체뿐이다.

아이들을 건강한 파괴자로 길러야

나는 우리 아이들이 학교에서 자동 인형으로 길들어 가는 것을 두고 볼 수 없다. 나쁜 사회에서 그 사회가 좋다고 여기는 것(실제로 이것은 나쁜 것이다. 나쁜 사회가 좋다고 선전하는 것이 정말 좋은 것일 수는 없으니까)을 고스란히 받아들여 자기 것으로 삼은 아이들은 자라서 나쁜 사회의 가장 완강한 수호자가 될 것이고, 나쁜 사회를 좋은 사회로 바꾸려는 노력을 꺾는 데 혈안이 될 것이다.

오늘날 학교 교육은 정도의 차이는 있으나 모두 나쁜 사회를 망가지지 않게 만드는 가장 효율적인 도구가 되어 있다. 나는 우리 아이들이 비판 의식에 충만한 파괴자들로 자라야 한다고 믿는다. 이 말을 충격적으로 받아들이지 않고 스쳐 읽을 분이 있을까 하여 다시 한 번 강조하겠다. 기성 세대와 생각이 다르고 하는 짓이 낯설다 해서 우리 아이들의 사고가 통제되어서는 안 되고 그 애들의 손발이 묶여서도 안 된 다.

나쁜 사회와 좋은 사회를 가르는 기준은 명백하다. 모든 사람이 사람답게 사는 사회가 좋은 사회요 그렇지 못한 사회가 나쁜 사회다. 다시 말해서 사람이 사람답게 살기 위해서 있어야 할 것이 있고 없어야 할 것이 없는 사회는 좋은 사회고, 있어야 할 것이 없거나 없어야 할 것이 있는 사회는 나쁜 사회다.

사람이 사람답게 살려면 자유, 평등, 평화, 우애, 협동, 사랑… 같은 것이 있어야 한다. 그런데 지금 우리 사회에 이런 것이 있는가? 없다면 왜 없는가? 처음부터 없었는가? 그렇지 않다면 누가 없앴는가? 무엇 때문에 없앴는가?

사람이 사람답게 살려면 억압, 착취, 전쟁, 불화, 공포, 이기심, 탐욕, 증오… 같은 것이 없어야 한다. 지금 우리 사회에 이런 것이 없는가? 있다면 왜 있는가? 처음부터 있었는가? 그렇지 않다면 왜 이런 것이 생겨났는가? 누가 무엇 때문에 만들어 냈는가? 아이들은 이런 모든 문제를 비판적으로 검토하고, 그렇게 해서 있어야 할 것이 없으면 만들어 내고, 없어야 할 것이 있으면 없애 버리는 용기를 지닌 아이들로 자라야 한다.

살아 있는 아이들을 자동 인형으로 바꾸는 학교 교육의 이념은 국가가 교회를 대신해서 국민의 사상을 통제해야 할 필요가 생긴 자본주의 사회의 발달과 더불어 태어나고 성장했다. 그 좋은 본보기를 우리는 지방 분권화한 봉건 사회에서 통일된 자본주의 사회로 옮아가는 데 뒤늦었던 독일의 교육 제도에서 볼 수 있다. 독일 자본가들은 독일에서 자본주의를 빠른 시간에 발달시키려면 효율적인 공교육이 필요하다고 생각했다. 자본주의 대량생산 체제에 맞는 숙련된 노동자들을 짧은 시간에 대량으로 생산해 내려면 장인이 도제를 길러 내는 중세 도제 수업 방식을 근본부터 바꾸어야 했다. 그리고 주입식 수업에 방해가 되는 모든 요소를 없애야 했다. 아이들의 자율성, 창의성, 비판 의식, 권위에 대한 저항… 이 모든 것을 아주 어린 시절부터 싹부터 잘라 내지 않으면 안 되었다.

이렇게 해서 다른 어떤 나라보다 더 먼저 독일에서 유치원 교육이 시작되었다. 영어의 '킨더가튼'(Kindergarten)은 독일어의 '킨더가르텐'(Kinder Garten)에서 나왔다. 우리말로 번역하면 '아이들의 정원'이다. 그런데 이 아이들의 정원은 아이들이 그 안에서 자유롭게 뛰놀도록 안전하게 울타리가 쳐진 숲과 꽃밭으로 이루어진 정원이 아니다. 이 정원에서 나무와 꽃 노릇을 하는 것은 바로 아이들이다. 그리고 그 꽃과 나무를 보기 좋게 다듬는 정원사는 교사다. 그러니까 프로이트도 이야기했다시피 아이들이 자라서 보이는 거의 모든 부적응증(?)은 부모와 가족에 원인이 있으므로 아이들을 되도록이면 빨리 국가가 통제하는 안전한(?) 학교에 데려다 두고 국가가 임명한 교사들이 이 아이들을 국가의 마음에 드는 방식으로 다듬어야 한다는 것이다(탓이 꼭 프로이트에게 있다고만은 할 수 없지만 아무튼 프로이트의 부적응증 이론은 독일 자본가들에게도 미국 자본가들에게도 마음에 쏙 들었다).

국민 국가의 자궁에서 태어난 자본주의 사회는 국민들을 산업 발전에 필요한 자동 기계로 바꾸기 위해서 어떤 교육이 필요한지를 잘 알고 있었다.

독일이 교사들을 훈련시키면서 머릿속에 새기도록 한 세 가지 지침이 있었는데, 첫째로 국가가 아이들의 유일한 참부모라는 것이고(이 견해에는 생물학적 부모는 아이들에게 나쁜 버릇이나 생각을 옮길 수 있는 병원체라는 생각이 들어 있다), 둘째로 학교 교육의 목적은 감수성이 풍부하고 지적으로 성숙한 '인간'의 형성이 아니라 순종하고 의존하는 로봇을 대량으로 생산해 내는 일이라는 것이고(이런 독일 교육에 깊은 감명을 받았던 미국의 교육 철학자이자 미국의 학교들을 오늘의 형태로 규격화하는 데 앞장 선 것으로 알려진 탁월한 교육 행정가 윌리엄 티 해리스는 1900년 경에 '교육철학'이라는 책에서 '(학생) 백 명 가운데 아흔아홉은 정해 준 길을 벗어나지 않으려고 조심조심 걷고 규정된 관습을 따르는 자동 인형들인데, 그렇게 타고난 것이 아니라 (이것은) 실질적인 교육의 결과로서, 교육은 과학적으로 정의하자면 개인의 평준화다'라고 밀하고 있다), 셋째로 교실이나 작업장에서 가르치는 수업 내용이나 업무 지침은 조각조각 단순하게 나누어져 있어서 아무리 바보라도 되풀이해서 가르치면 쉽게 기억하고 작업을 할 수 있게 되어야 한다는 것이었다.

독일에서 이런 교육이 성공한 결과 어떤 일이 생겼던가? 백 명에 한 명 꼴인 자율성과 창조성과 비판 의식을 지닌 학생들은 '문제아' '불량 학생'이라는 낙인이 찍혀 교문 밖으로 쫓겨났다(이런 사태를 새삼스러운 것이라고 볼 필요는 없다. 우리 나라에서도 중등 교육 기관에서는 흔한 일이니까). 독일 출신 저명한 신학자 본회퍼가 증언한 대로 세계에서 학교 교육이 가장 잘 되어 있는 나라인 독일의 교육 현장에서 쫓겨나지 않고 자동 인형으로 길든 그 나머지 아흔아홉 명은 국가가 하는 말은 다 옳은 말이라고 생각하여 나치가 집권해서 유태인들은 죽어 마땅한 인종이라고 떠들자 학교에서 배운 그대로 육백만 명의 유태인을 학살하는 데 서슴지 않고 앞장 선 것이다(이와 연관해서 독일 학교 교육이 변형된 형태로 되풀이되고 있는 미국의 학교 교육이 무엇을 노리는지에 대해 관심을 가진 사람은 《녹색평론》 1993년 1, 2월호에 나온 '학교 교육의 횡포'(존 테일러 개토)를 꼭 한번 읽어 볼 필요가 있다).

이승만이 통치하던 시절에 우리는 독재자 이승만을 국부(온 나라의 아버지)로 떠받들도록 가르침을 받아 왔다. 그런 가르침을 받고 자란 나와 우리 동료들은 학교 현장에 다시 투입되어 독재자 박정희와 그 후계자들을 위대한 지도자로 가르치면서도 크게 양심에 거리낌이 없었다. 삶의 진실과는 상관없이 교과서의 진리를 곧이곧대로 받아들이는 야바위 놀음의 재생산 구조가 완비된 것이다. 이 악순환의 고리를 끊어 내려면 어떻게 해야 할까? 우리보다 훨씬 더 앞선 교육제도를 가지고 있다고 알려진 '사회주의권'의 여러 나라도 자본주의가 지배하는 세계 질서의 틀 속에서 꼼짝없이 얽혀들 수밖에 없었던 그 엄청난 윤회의 사슬을 단칼에 끊어 낼 길은 어디에서 찾아야 할까?

어떻게 하면 우리 아이들에게 진실이 아닌 것은 온몸을 흔들어 거부하고 진실에 바탕을 두지 않은 모든 것들은 가차없이 허물어뜨리는 힘을 갖게 할 수 있을까? 더 나아가서 나쁜 사회에서 없어져야 마땅한 것들을 가려내고 그것들을 없애는 일에 앞장 서는 데만 만족하지 않고, 좋은 사회가 되려면 꼭 있어야 할 것이 무엇인지를 찾아내고 그것을 땀흘려 만들어 내는 창조와 건설의 힘을 동시에 지닌 아이들로 길러 내려면 무엇을 어떻게 해야 할까?

* * *

아이들은 어려서부터 산에서, 들판에서, 바닷가에서 햇빛과 바람과 물과 흙에 감싸여 자라야 한다. 먼저 자연이 큰 선생님이 되고 사람이 작은 선생님이 되어 아이들의 감각이 지닌 모든 가능성을 활짝 열어 놓는 교육이 이루어져야 한다. 살갗으로 느끼기에서부터 맛보기, 냄새 맡기, 듣기, 보기에 이르기까지 감각 훈련은 끊임없이 되풀이해서 넓어지고 깊어져야 한다. 도시 아이들은 대체로 감각이 죽어 있다. 살갗도 무디고 맛도 냄새도 제대로 분간하지 못한다. 뭉개진 기계 소리만 듣다 보니 음치가 대량으로 발생한다. 자극성 있는 인공 색깔과 형태에 시달려 눈빛은 어릴 때부터 생기를 잃고 흐리멍덩해진다.

우리는 아이들을 도시 밖으로 자꾸 끌어 내야 한다. 도시는 죽음의 원리에 바탕을 두고 있다. 역사상 모든 도시가 멸망한 데에는 이유가 있다. 도시에서는 감성과 이성, 신체와 정신을 균형 있게 발전시킬 수 없다. 도시에 들어서면 자연은 순환을 멈춘다. 자연의 일부인 사람도 마찬가지다. 이를테면 마을 공동체에 사는 노인들은 잘 익은 과일이나 늙은 호박처럼 연륜이 빚어 준 성숙한 아름다움을 보여 준다. 마을 공동체에서 노인들은 지혜의 원천이자 권위의 중심이다. 그러나 도시에서 노인은 폐기 처분된 낡은 기계 취급을 받는다.

도시 사회에는 자신을 재생산하는 구조가 빠져 있다. 도시에는 농사지을 땅이 없다. 고기 잡을 바다도 없고 나무를 심을 산도 없다. 도시에 사람이 살아남으려면 도시 주변에 있는 생산 공동체를 볼모로 삼아야 한다. 곡식도, 땔감도, 생선도 이웃 생산 공동체에서 가져와야 한다. 강제로 빼앗아 오지 않으면 야바위 놀음이라도 해서 훔쳐 와야 한다. 이웃에 있는 생산 공동체를 억압하고 착취하는 것만으로는 모자란다. 이웃에 있는 생산 공동체에서 생산의 교란이 일어나면 다른 데서라도 끌어와야 한다. 그러다 보니 단위 생산 공동체들을 흡수하려는 도시의 생산 전략은 제국주의 팽창 정책으로 나타난다. 이 점에서는 자본주의 사회나 사회주의 사회나 마찬가지다. 도시 사회에서 거리나 건물의 모습처럼 삶의 내용이 비슷해지고, 사람들의 감각기관이 마비되고, 생각의 폭이 좁아지고 생각의 깊이가 얕아짐에 따라 가치관도 욕망도 모두 닮은꼴이 된다. 그리고 세상을 보는 눈도 한편에 치우치거나 비뚤어지기 쉽다.

이러한 삶의 양식, 이러한 감수성, 이러한 신체의 적응력, 억압과 착취를 내면화한 이러한 가치관과 도구화한 이성으로는 새로운 변화를 맞을 수 없다.

아이들의 감각을 온전히 건강하게 일깨우는 교육과 더불어 온몸을 자유롭게 놀리도록 이끄는 신체 교육이 이루어져야 한다. 우리는 열심히 발을 '놀려서' 걷고 손을 '놀려서' 일한다. 몸을 자유롭게 '놀릴' 수 있어야 그만큼 일을 잘 할 수 있다. 어려서부터 몸을 잘 '놀려서' 아이들의 감각 능력과 신체 능력이 고양되면, 이 능력들은 공동체 건설에 유용하게 쓰일 수 있을 것이다. 이집트의 건축가 하싼 파티(Hassan Fathy)는 가난한 사람들이 힘을 모아 튼튼하고 아름다운 공동체 마을을 어떻게 건설할 수 있는지를 《가난한 사람들을 위한 건축》(이 책은 열화당 출판사에서 '이집트 구르나 마을 이야기'라는 제목으로 번역되어 나왔다)이라는 책에서 잘 보여주고 있다.

감각 능력과 신체 능력의 온전한 개발과 함께 현실의 문제를 파악하고 해결할 수 있는, 비판하고 창조하는 능력, 파괴하고 건설하는 능력도 길러 주어야 한다. 비판과 창조, 파괴와 건설은 서로 맞서는 힘이 아니다. 사람이 사람답게 사는 세상을 만들기 위해서는 하나로 뭉쳐야 하는 힘이다. 억압을 억압으로, 착취를 착취로 파악하고 그에 대해서 비판하고 그런 질서를 파괴하도록 이끄는 것은 비교적 쉬운 일일 것이다. 그러나 자유롭고 평등한 사회를 건설하기 위해서는 무엇이 필요한지를 알고 필요한 것을 만들어 내는 창조의 힘을 지니고 그 능력을 발휘해서 폐허 위에 벽돌을 한장 한장 쌓아 올려야만 한다. 우리 아이들을 그렇게 기르는 데는 무척 힘이 들겠지만 결코 이룰 수 없는 일은 아닐 것이다.

작은 학교가 아름답다

1997년 3월 5일 1판 1쇄 펴냄 | 2019년 10월 16일 1판 24쇄 펴냄 | **글쓴이** 사티쉬 쿠마르 외 | **펴낸이** 유문숙 | **편집** 김용란, 신옥희, 현병호 | **디자인** 이상주 | **제작** 심준엽 | **영업** 안명선, 양병희, 최민용 | **잡지 영업** 이옥한, 정영지 | **새사업팀** 조서연 | **대외 협력** 신종호, 조병범 | **경영 지원** 임혜정, 한선희 | **인쇄 · 제본** (주)천일문화사 | **펴낸곳** (주)도서출판 보리 | **출판 등록** 1991년 8월 6일 제 9-279호 | **주소** (10881)경기도 파주시 직지길 492 | **전화** (031)955-3535 | **전송** (031)955-3533 | **누리집** www.boribook.com | **전자 우편** bori@boribook.com

* 이 책의 내용을 쓰고자 할 때는, 저작권자와 출판사의 허락을 받아야 합니다. | 잘못된 책은 바꾸어 드립니다.
값 9,000원 | ISBN 89-85494-56-2 03370